サウナ室の
マダムとオヤジたち

新型コロナ禍における地方都市のソシアビリテ

早川 洋行
Hayakawa Hiroyuki

風媒社

サウナ室のマダムとオヤジたち

新型コロナ禍における地方都市のソシアビリテ

目次

序章　水場のアフォーダンス

　これらはムーミンの作者として有名なトーベ・ヤンソンのフレスコ画（ヘルシンキ市立美術館 所蔵）である。上の絵は「田舎のパーティ」下の絵は「都会のパーティ」と題されている。それぞれの絵にはムーミンが描かれているのだが、何処にいるのか見つけられるだろうか。もし見つけられなかったらネットで調べれば簡単に判明するので、ここではあえて述べないことにする。

　さて、これらの絵は、当時のソシアビリテを描いていると言えるだろう。人間は、今も昔も、田舎であっても都会であっても、このように集って家族以外の他者との交際を楽しんできた。本書は、こうしたソシアビリテの現代的位相を考察するものである。

　ところで、人々は他者との交際を楽しむ際に、どこに集ったのだろうか。上の絵では、田舎においては自然の中で、都会においては邸宅の広間でパーティが開かれているように見える。自然の中では日差し

が強すぎてはいけないし、煩わしい虫がいてもいけない。邸宅の広間は、十分な広さが必要だしテーブルと腰掛ける椅子は欠かせない。アウトドアとインドアを問わず、人々が交際を楽しむためには、その場は快適な空間でなければならない。こうした環境と人間とのかかわりに注目した概念がアフォーダンスである。アフォーダンスとは「環境が動物に与え、提供している意味や価値」（佐々木2015：60）をいう。

　筆者は大学院生の頃、東京の渋谷にあるデザインの専門学校で非常勤講師をしていた。毎週、駅から学校まで渋谷の街を歩いて通いながら思いついたことがある。渋谷は、よく「若者の街」だと言われる。しかしある時、街を歩きながら筆者は、むしろ渋谷は若者以外を排除した街ではないか、と思ったのである。渋谷の街は、歩道が狭く、しかも坂道が多い。子どもや高齢者にはとても歩きにくいのだ。後に筆者は「アフォーダンス」という言葉を知って、ああ、このことかと納得したものである。つまり、環境は人間の行動を制限したり誘導したりするのである。

　では、ソシアビリテを生み出す環境は何なのだろう。筆者は、歴史貫通的に見て最も有力なのは「水場」ではないかと考える。これは人間に限らず動物一般に当てはまることだろうが、水場は生き物を引き付ける力をもっている。それは、テレビなどでアフリカのサバンナで暮らす動物たちが水場に集まってくる映像を見たことがある人なら、おわかりいただけると思う。そして水場は、人間にとってはたんに水を飲む場所であるばかりではなかった。そこでは、他者との間で、自然とソシア

「井戸端がひっそりすると灯がともる」絵葉書（著者所蔵）

ビリテが生まれていたのである。

　前ページの絵は、明治40（19 07）～大正7（1918）年に作られた絵葉書のものだが、「井戸端会議」という言葉があるように、近代初期まで井戸端は、間違いなく庶民のソシアビリテ空間だった。

　その歴史は、はるか昔にさかのぼる。次にあげる国宝「扇面古写経井戸端に集う女たち」は、平安時代のものである。こうした歴史資料から推察するに、日本において井戸端は、おそらく中世から近代初期まで、一貫して庶民のソシアビリテ空間だった可能性が高いのである。

「扇面古写経 井戸端に集う女たち」（複製：著者所蔵）

　もちろん水場という空間は井戸端だけに限らない。日本近世において、銭湯がソシアビリテの場所であったことはよく知られている。式亭三馬の『浮世風呂』は、江戸時代に銭湯で繰り広げられたソシアビリテを描いた作品と言うこともできよう。

　当時の銭湯の様子は浮世絵にさまざまに描かれている。江戸の銭湯では、裸になって体を洗う場以外に2階には客が入浴後にくつろぐ場所があったと言われているが、まさにそれこそ西洋の邸宅広間に比肩する、日本風の「都会のパーティ」空間だったのかもしれない[1]。

　さて、21世紀の日本では、水道が各戸に普及したことで人々が井戸

江戸後期の女風呂（花咲・町田1993：前見返し）

「賢愚湊銭湯新話」（花咲・町田1993：75）

に集う機会はなくなり、風呂は普通に自宅にあるものになったことで、人々が銭湯へ行く機会もめっきり減った。こうした生活環境の変化もあって日本社会では、近代以降、家族以外の他者と関わる機会は減り続けて行った。これは、社会学においてはマイホーム主義、私生活主義、そして最近では個人化として知られる現象の一貫した流れである。しかし、では日本社会では昔のように地域社会において水場で繰り広げられたソシアビリテは、まったくなくなってしまったのだろうか。

　社会学者としてそんなことを気にしていた時、筆者は、偶然にもある契機で人々が集い、交際する場所を知ることになった。その「ある契機」とは、2000年から3年続いた新型コロナ禍である。新型コロナ禍はオンラインによる仕事（在宅勤務）を促した。筆者の場合、それまで週に4日間、自宅を離れて職場近くに部屋を借りて暮らす単身赴任生活をしていたのだが、それがまったく不要になったのである。生活時間のほとんどを、自宅がある地元の地域社会で過ごすようになっ

て、筆者は意図せず生まれた余暇時間を持て余すようになった。そこで、かねてから連れ合いと娘が通っていた地元のスポーツジム（フィットネスクラブ）に行くことにしたのである。そのことで筆者は、少なくとも日本の都市社会学においては、これまでまったく注目されてこなかった、現代的なソシアビリテ空間を知ることになる。

　筆者が行ったジムにはスパがあってジャクジー風呂、水風呂のほかサウナ風呂（スチームサウナ・遠赤外線サウナ）があり、プールでの運動や筋トレやスタジオレッスンを終えた人々が汗を洗い流す。そこでは水着着用で男女が一緒に入るのである[2]。

　冒頭にあげた絵の作者、トーベ・ヤンソンはフィンランドの人である。フィンランドでは昔から今に至るまでサウナ風呂はソシアビリテの場所だった。フィンランドにおいて、サウナは極めて重要な場所であり、そこで人々は交流した。一方、日本のこのジムのサウナは、なかにはそういう人もいないではないが、フィンランドとは違って、サウナ風呂自体を目的にやってくるわけではない。多くの人にとって、ジムで体を動かすことが主たる目的であることは間違いない。しかし、とはいえサウナ風呂でのおしゃべりがジムに来る楽しみのひとつになっているのは確かなようである。とくに遠赤外線サウナは、階段状になっていて15人ほどが肩を寄せ合って一定の時間を過ごすから、自然と会話が生まれる。コロナ感染を防ぐためにジム側は会話を禁止させようとしているが、それはあまり効果を上げていない。

　筆者が、何度かジムに通ううち、このサウナ室が現代におけるソシアビリテ空間であることに気づくのに、さして時間は要しなかった。そこには、少なくとも量的な社会調査ではけっしてくみ取ることができない、地方社会に生きる住民たちの生の声があふれていた。ここは得難い社会学データを得られる場所であることに気づいた筆者は、すぐに「空気になる」ことを決意した。つまり、自らは発言を控えつつ、かといって怪しまれない程度に愛想を保ちつつ、人々の自然な声を聞

き取ることにしたのである[3]。

　聞き取った内容は、その日のうちに文章化してSNS（フェイスブック）に載せた。これは、最初から意図したわけではないけれども、聞き取ったデータがあまりに面白過ぎるので捏造ではないかと言われることを避けるためにはよい判断だったと、今は思っている。聞き取ったエピソードは、3年間で約5万5000字（A4用紙71枚）にのぼった[4]。本書はそれに社会学的考察を加えたものである。

　本書では、記述対象になった人々のプライヴァシーに配慮して、一般的ではない固有名詞については、すべて伏せ字か仮名にしてある。本書の舞台になったこのスポーツジムがあるのは、日本の関西圏にある人口7万人程度の地方都市だと言っておこう。本書では、この街を「宇間市」と呼ぶことにする。2000年9月から2003年6月まで、コロナ禍に見舞われた日本の地方都市（宇間市）に暮らす人々が、この過酷な状況において、たくましくも、どのようなソシアビリテを繰り広げていたのかを記述し、そして、それを社会学的に論じることにしたい。

　本題に入る前に、これまで社会学がソシアビリテをどのように研究してきたのかを振り返りつつ、本研究の社会学史上の位置づけを明確化することから始めよう。

注
1）町田（2016）p.47.にも銭湯の2階を描いたものがあるが、そこには男性客ばかりでなく彼らを接待する女性も描かれている。
2）水着着用の男女混浴は、フィンランドの公衆サウナと同じ方式である。
3）筆者がスポーツジムに通い始めたのは2000年7月からである。そして、サウナ室の会話を記録し始めたのは9月からである。筆者は、この経験を初めから3年間程度でまとめようと考えていたので、2003年6月末までと決めていた。そして、その間筆者は、サウナ室において、社会学者という自分の正体をずっと隠し続けた。寡黙に「空気になる」ことに徹したのである。それは、ついに2023年7月にジェディ（後に登場する常連マダム）に話しかけられて終わる。彼女は、それまで筆者の職業を「司法書士」と思っていたらしい。
4）本書では、聞き取ったデータのほとんどは記載したが、それはSNSに載せたデータ

のすべてではない。特殊個人的な内容に過ぎないものや対象者が特定される恐れがあるものは除外している。

参照文献

こばやし あやな（2018）『公衆サウナの国フィンランド　街と人をあたためる、古くて新しいサードプレイス』学芸出版社。

佐々木正人（2015）『新版アフォーダンス』岩波科学ライブラリー。

神保五彌 校注（1968）『浮世風呂』角川文庫。

花咲一男・町田忍（1993）『「入浴」はだかの風俗史』講談社カルチャーブックス。

町田忍（2016）『銭湯「浮世の垢」も落とす庶民の社交場』ミネルヴァ書房。

第1章　ソシアビリテと社会学

1. ソシアビリテとは何か

1.1 G・ギュルヴィッチ

ソシアビリテ（Sociabilité）は、「社会的交渉」とか「社会的結合」、あるいはたんに「社交性」と訳されるフランス語である。これは、1970年代にフランスの歴史学界において注目され、その後、日本を含む、ヨーロッパの歴史を研究する人たちによって頻繁に用いられてきた。

しかし、元々は、社会学者G・ギュルヴィッチが『社会学の現代的課題』（1950年）のなかで用いたキーワードの一つであり、本章は、この概念を歴史学から社会学に、いわば「逆輸入」することによって、社会学、とりわけ都市社会学にこれまでなかった見方を提供するとともに今後の研究課題を明らかにすることを意図している。まずギュルヴィッチがどのような文脈と意味でこの用語を使ったのかを説明するところから始めよう。

ギュルヴィッチは、社会学研究が研究対象とする類型を三つに区分する（ギュルヴィッチ1970：125-197）。①微視社会学の立場からするタイプあるいはソシアビリテの諸形態、②集団のタイプ、③全体社会のタイプである。そして、ソシアビリテの諸形態は「微視社会学の本来の対象」だとしている。彼は、これまでにもソシアビリテの諸形態の分類はいくつか示されてきたとして、デュルケームの機械的連帯と有機的連帯、テンニースのゲマインシャフトとゲゼルシャフト、サムナーの内集団と外集団などを列挙する。しかし、それらはいずれも満足できるものではない。その理由は、第一に、いくつかの異なった分類の基準を、ただ一つの基準に集約してしまう傾向があること、第二に、上下の序列体系を設定してしまうこと、第三に社会的なものについての微視的なものと巨視的なものを混同していること、そして第四に心理的なものとして解釈しようとする点である、と指摘する。そこで彼

16

はソシアビリテを「自発的なソシアビリテ」と「組織されたソシアビリテ」に分類することを主張する。さらに自発的ソシアビリテは、部分的融合によるものと部分的対立によるものに分類される。組織されたソシアビリテは能動的一体化、能動的共同社会、能動的マスに分類される。

　これらのギュルヴィッチの説明を読み取るに、彼は微視的な関係性を自発的なものか組織的なものかで分けたうえで、統合的か分裂的かの二つないし三つの下位水準を設定して類型化していると言えるだろう。

　まず確認しておきたいのは、ソシアビリテとは、ギュルヴィッチにとって社会的関係性を分類するための、それまでの同様の社会学研究を批判したうえでの、自分独自の社会学的な「類型」であったという点である。この点については、後にA・キュヴィリエが、当時社会学の世界で盛んに行われた、こうした社会関係の類型化の試みを批判して、「社会的なものが限定される具体的条件を多少とも無視」する「基本的誤謬」を指摘したが、この点に踏み込むのはここでの目的からは少し外れるのでやめておくことにする（キュヴィリエ1950：117-119）。

　何よりここでの目的からして確認すべきは、ソシアビリテとは何を意味していたのかということである。われわれ社会学者は、社会学を学び始めるごく初期的段階で、デュルケームの機械的連帯と有機的連帯とか、テンニースのゲマインシャフトとゲゼルシャフトとか、サムナーの内集団と外集団とかの社会の類型を学ぶ。だから、それらを包括する上位概念を考えるという発想をもちづらいのだけれども、ソシアビリテとは、これらの社会学的類型を包含する言葉だった。ギュルヴィッチにとって、ソシアビリテとは、簡単に言ってしまえば、社会関係の様式だったと言ってもよい。日本においてソシアビリテ論を精力的に展開した西洋史学者である二宮宏之は、ソシアビリテを「人と人との結びあうかたち」と呼んでいるが、これはまさに的を射た表現

だろう（二宮編1995：3-4）。

1.2 歴史学的転回

　先に述べたように、ソシアビリテという概念は、やがて歴史学に導入される。二宮宏之によれば、その嚆矢はM.アギュロンである（二宮編1995：7-9）。彼は、1966年の博士論文において、アンシャンレジーム末期から19世紀なかばに至るバス＝プロヴァンス地方の濃密な人間関係を「南仏特有のソシアビリテ」として論じた。こうした歴史学者のソシアビリテへの注目は徐々に広がってゆき、ソシアビリテ研究は、その対象が、空間的にフランスのみならずドイツやイタリアにも拡大する一方で、時間的にも拡大していって、21世紀に入ると古代ギリシャ、ローマのソシアビリテに関する研究までもが現れてきている（阪本・鶴島・小野編2008）。

　さて、ここで注意したいのは、元々、社会学的な類型であったソシアビリテ概念が歴史学者たちによって、考察対象を指し示す概念に変わったということである。つまり、歴史学者たちは、社会学的類型ではなく、まさに「人と人との結びあうかたち」として、この概念を理解したのである。

　ソシアビリテをそう考えるならば、当然ながら、ギュルヴィッチ以前に、それを研究した業績も存在する。二宮宏之は、アメリカの社会学者であるN.J.スメルサーらが編集した事典（N.J.Smelser and P.B.Baltes (ed.), *International Encyclopedia of the Social & Behavioral Sciences*, vol.21, Elsevier, Oxford,2001）において「歴史学におけるソシアビリテ」の項目を執筆している。とても興味深いことに、彼は、そこで次のように記述している。「歴史家たちがソシアビリテという用語を採用する以前に、すでに社会学者たちがこの用語を様々に用いていた。第一にあげるべきは、ゲオルク・ジンメルであり、彼はGeselligkeit（社交＝ソシアビリテ）の概念を彼の形式社会学の鍵概念としていた」（二宮2011：111）。このよ

うに彼は、ジンメルの『社会学の根本問題』第3章社交をソシアビリテの先行研究だと言うのである。

　では、ジンメルの社交論とはどういうものだったのか。簡単に振り返っておこう。

　ジンメルによれば、社交は「社会化の遊戯的形式」である。すなわち、社交においては、人々の行為の具体的な目的が欠如している。言い換えれば、人間同士の相互作用そのものが目的化しているのである。そこでは、独特のルールが存在している。たとえば、人間が個人として正面に出るようなことがあってはならない。個人の富や社会的地位、学識や名声、特別の能力や功績などが役割を果たすことがあってはならないのである。社交というのは、人々が、いわば仮面をかぶって、すべての人間が平等であるかのように、同時に、すべての人間を特別に尊敬しているかのように行う遊戯である。またそこでは、とくに男女間でのコケットリーが大切である。それは、イエスとノーとの反復運動によってエロティズムの純粋無垢な形式となる。社交では、すべての会話に節度が求められる。話題はその内容のためではなく、活気、相互理解、共通意識のためのたんなる手段だからである。ただし、とはいえ社交と生活のリアリティを結び付けている糸は、たしかにあって、それが完全に断ち切られるときには、社交は遊戯から空しい形式の悪戯になる。生命がないのみか、生命がないのに居直った紋切型になるのである（ジンメル1979：67-92）。

　こうしたジンメルの社交についての論述は、彼が日常経験していた具体的な現実について、それを「社会化の形式」として抽象化してとらえたものであった。ジンメルの社会学は、距離化という手法を用いて、現実から様々な水準についての相互作用を抽象するものだった（早川2003）。すなわち、彼が社会学の対象とした「社会化の形式」は、たとえばM・ウェーバーの「理念型」のような現実理解のための手段、純粋概念ではまったくなくて、現実に存在する様々な諸現象から帰納

的に抽象される特徴であったのである。

　筆者は、学生時代からジンメル社会学を研究してきた。その目から
すると、歴史学者がジンメルの論述を読んで、自分たちの研究に先行
する業績ととらえたことは、とてもよく理解できるし、さもありなん
と思う。こうしてソシアビリテ概念は、社会学と歴史学が共有する財
産となったのである。

2. プレ大衆社会におけるソシアビリテ

　ソシアビリテの起源は、ヨーロッパの大都市において上流階級がか
つて繰り広げた「社交」だったと、ひとまず認めよう。N・ルーマン
は次のように述べる。「18世紀には、二つの資源だけが、個人を社交
的人間として再構築するのに有用なものとして残された。すなわち、
自然の再評価と社交性の再評価である。かくして感受性と友愛との新
たな崇拝が宗教にとって代わった」（ルーマン 2016：93）。

　また、フランス文学とヨーロッパ文化の研究者である工藤庸子は、
「18世紀のソシアビリテ」として、フランスの上流階級の人々が、豪
華な食事や余興とともに会話を楽しんだ「サロン」の様子を、次のよ
うに生き生きと描いている。

　　暖炉の前にはテーブルを囲む一団がおり、窓際には立って語り合
　う男たち、別室でトランプに興じる男女もいる。正餐と夜食のあい
　だの時間には、入念な準備や贅沢な道具立てを鑑賞しながらコー
　ヒーやイギリス風の紅茶を味わったりもする。音楽演奏については、
　その家の令嬢がクラヴサンの伴奏で歌を披露することもあれば、プ
　ロをまじえた室内楽に来客が耳を傾けることもある。お芝居の上演
　や、舞踏や、あるいは話題作の朗読などが予告され、大勢の客で賑
　わう夕べもあるだろうし、内輪の者だけが滞在する別荘のサロンな

どであれば、男たちにまじって若い女性たちが静かに絵を描いたり、刺繍をしたり、本を開いたりということもあったらしい[1]。（工藤2018：31-32）

　その他彼女の述べるところから、筆者が注目した点を列挙しておこう。①当時サロンの主宰者は、かなりの経済的豊かさをもつ者に限られていた。②サロンへの出入りは紹介者の口添えが必要だった。したがって、サロンはカフェと異なり、万人に開かれた「公共圏」でもなく、外界から遮断された「親密圏」でもなかった。③サロンには思想信条において同質性は存在せず、むしろ異質な人々が集った。④大方の傾向として女性（サロニエール）が主宰したが、変種は様々に存在した。ただし、女人禁制のサロンはありえなかった。

　われわれ社会学者がよく知っているジンメルの社交論は、19世紀のドイツを舞台にしたものだが、彼の考察した社交の姿は、ここで述べられている18世紀フランスのサロンの情景と何ら矛盾しない。そして、先のルーマンの言葉も踏まえると、こうした社交の様式は、フランスのみならずヨーロッパの文化として、かなり一般化していたのではなかろうか。

　さて、歴史が進むにつれ、こうした特権階級の人々が作り出すソシアビリテは徐々に衰退していったと言ってよいだろう。では、近代社会におけるソシアビリテはどのような姿をとったのであろうか。

　この問題を考えるうえで、工藤庸子が、「サロン」salonという言葉は、もともと広大な邸宅の応接用の一角を指す日常的な語彙であり、18世紀の新しい「ソシアビリテ」sociabilitéの様式を暗示する語彙として使われたのは1794年が初出だとして、「場所なのか、人間関係なのか。肝心なところで混乱」が起きていると指摘していることは、極めて重要である（工藤2018：x）。

　なぜなら、近代社会におけるソシアビリテを考える場合、場所、す

なわち空間論的観点からアプローチするベクトルと、それとは違って人間関係論的観点からアプローチするベクトルが可能だからである[2]。その後の研究は、この点で分裂した。まず、空間論的観点から論じよう。

3. 大衆社会におけるソシアビリテ

3.1 空間論的観点

3.1.1 第三の空間

サロンは、カフェと異なって万人に開かれた「公共圏」ではなく、外界から遮断された「親密圏」でもなかった。この工藤庸子の指摘に注目したときに、思い出すのは、都市社会学者である磯村英一が、かつて展開した第三空間論である。彼は次のように述べた。

　これまで都市とは、人口・住民・世帯・地域という指標でとらえられてきた。しかし、都市に人口は定住するが、じっと動かないでいるわけではない。封建時代でも「都市」といった景観・地域・構造はあったが、人間はあまり住居から離れなかった。また動くことも制限までされた。しかし、現代の都市は、「職住分離」が原則になり移動することも完全に自由である。

　私は居住を第一の空間、職場を第二の空間と名付けた。しかし、都市の人間は、この二つの空間の移動のなかで、当然「第三の空間」を形成する。歩行しているとき、交通機関を利用するとき、そして買物・娯楽などを行っているとき、いずれも家庭や職場から離れている。その点で、乗客・顧客・観客といった「客」という言葉が生まれている状態は、都市現象の特徴である。

　私は、この第三の空間における人間を「大衆」と呼ぶことにした[3]。

(磯村 1989a：10-11)

磯村の言う第三の空間は「盛り場」を指すと解されることもあり、たしかに磯村自身そのように述べている個所もあるが、ここでは彼の第三空間論が完成されたとされる『人間にとって都市とは何か』（1968年）で示された原理的意味を採用することにする。彼の第三空間論を理解するためには、彼が「都市の生活空間」を図示した次の図がわかりやすいだろう。（磯村1989b：145）

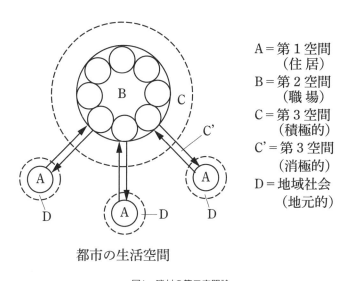

A＝第１空間
　　（住　居）
B＝第２空間
　　（職　場）
C＝第３空間
　　（積極的）
C'＝第３空間
　　（消極的）
D＝地域社会
　　（地元的）

都市の生活空間

図1　磯村の第三空間論

　「第三の空間」とは、住居＝「第一の空間」でなく、職場＝「第二の空間」でもない。また地元の地域社会でもない。「第三の空間」は二つあり、一つは移動途中の消極的な空間であり、もう一つは、滞留する積極的な空間である。磯村は、後者の「第三の空間」として、都市における「盛り場」を考えていた。彼は、次のようにも述べている。

　　第三の空間は、都市生活での支配階層が飲食や娯楽を独占してい

る「なじみの社会」であることも事実である。銀座や道頓堀に表現される第三の空間のなかには、支配階層のみを独占的に相手にするなじみのバーやカフェー、料亭があることを忘れてはならない。そしてそのような社会が都市の繁栄の頂点に残存していることも否定できない。しかし、一般的に第三の空間は、住民にとっては魅力ある自由な空間なのである。

（磯村 1989b：149）

彼は、「第三の空間」において、どのような人間関係が織りなされているのか、について具体的には何ら記述していないけれども、一方で何の根拠も示さないままに「都市の文化形成の一面を荷っている」として高く評価してもいる。ただし彼は、ドヤやスラムの居住者は「第三の空間」をもたないとして、それは彼らを排除した世界、「都市生活の根本であるべき身分の自由をもたない前近代的な場」だとも述べている。この点では、日本の近代都市におけるソシアビリテが、ヨーロッパ社会の昔のサロンを引きずっているように思えるのは、とても興味深い（磯村 1989b：148-149）。つまり、ソシアビリテは、時代が変わっても、相変わらず豊かな人々の世界であることに変わりがなかったのである。

　さて、こうした磯村の第三空間論は、日本の大衆社会におけるソシアビリテを空間論的な観点から見たものと判断できる。筆者は、以前、近代化によって生まれた、日本の大衆社会について詳しく論じたことがある（早川 2020：162-190）。ここではその詳細を再度論じるのは控えるが、その要点を述べれば、少なくとも日本における大衆社会が、性別年齢別分断社会であったということである。

　すなわち、近代社会は産業化の過程で男性を会社へ、女性を家庭へ、子どもを学校へ囲い込んだ。その結果、男性は「仕事」、女性は「くらし」、子どもは「学び」をもっぱらすることが本分とされた。また、高

齢者は地域社会で「いこい」、受験というハードルを越えた若者は街で「あそび」を楽しむという姿が一般化した。それぞれの歪んだ姿は多様に揶揄されてきたことは、多くの人の知るところだろう。

表1　性別年齢別分断社会

主体	機能	生活空間	生態
男性	しごと	会社	会社人間　モーレツ社員
女性	くらし	家庭	教育ママ　オバタリアン
子ども	まなび	学校	ガリ勉
若者	あそび	街	暴走族　竹の子族等
高齢者	いこい	地域	いじわる婆さん　頑固じじい

このことを踏まえて、磯村の第三空間論を評価すれば、その限界を指摘しなければならない。すなわち、磯村の言っていた「第三の空間」は、男性にとってのものに過ぎなかったという点である[4]。もちろん、「第三の空間」である盛り場には、「ママ」や「おかみ」という女性がいた。しかし、彼女らは、サロニエールにかわって客である男性を接待する側であり、対等な関係性の間柄ではなかった。磯村が会社員の男性と対照的に論じるのは、「第三の空間」をもたない、ドヤやスラムに居住する男性労働者たちであり、けっして女性ではなかった。すなわち、磯村の第三の空間は、もっぱらホモセクシャルな世界であった。

3.1.2. サードプレイス

もっとも、この時期の「第三の空間」が女性を排除したものであったのは、なにも日本に限ったことではなかったようだ。次に磯村とはまったく無関係に、近年、磯村の第三空間論と非常によく似た議論を展開しているR.オルデンバーグのサードプレイス論を紹介しよう。

オルデンバーグは、「サードプレイスというのは、家庭と仕事の領域

を超えた個々人の、定期的で自発的でインフォーマルな、お楽しみの集いのために場を提供する、さまざまな公共の場所の総称である」と述べる（オルデンバーグ 2013：59-60）。第一の場所を「家庭」、第二の場所を「労働環境」としていること、そして「産業化以前、第一の場所と第二の場所は一つだった。産業化は、居住地から仕事場を切り離し、家庭から生産性の高い仕事を奪い去り、それを距離的にも倫理的にも精神的にも家庭生活から遠ざけた」とする点は、磯村の主張とよく似ている。しかしながら、磯村が職住分離によって生まれたものを「第三の空間」だとしているのに対して、オルデンバーグは「わたしたちがいまサードプレイスと呼ぶものは、この職住分離よりずっと前からあった」としている点で、異なっている。彼の言う「サードプレイス」は、姿かたちが変われども歴史貫通的に存在しているインフォーマルな社交場を意味している。彼は、サードプレイスには「会話のルール」が存在していると述べる。それは次のようなものであった。

①自分に割り振られた時間は黙ったままでいる（なるべく長く）。
②ほかの人たちが話しているあいだは、その話に真摯に耳を傾ける。
③自分の考えを言うが、他人の感情を害さないように気をつける。
④誰もが関心をもつ話題でないものは避ける。
⑤自分の個人的なことは極力話さず、そこに集った人たちについて語る。
⑥説教をしない。
⑦ほかの人に聴き取れる範囲のなるべく低い声で話す。

そして、彼は言う。「サードプレイスでは、そこに集った誰からも同じように話が引き出される。鋭い機知に富む人でさえ、会話の中心を占めるのは慎まなければならない」（オルデンバーグ 2013：76）。こうした指摘は、ジンメルが社交論で論じていたことと多くが重なりあう。

しかし、彼が描くサードプレイスのソシアビリテとジンメルのそれとが、決定的に違うことが一つあった。それは、オルデンバーグの言うサードプレイスが、具体的には、ドイツ系アメリカ人のラガービール園、メインストリート、イギリスのパブ、フランスのカフェ、アメリカの居酒屋（Tavern）、古典的なコーヒーハウスなどであったが、それらのいずれもが、もっぱら男性同士の交流の場だったことである。ジンメルは、社交において男女間のコケットリーの交換を重視した。しかし、これとは違って、オルデンバーグは同性同士の交流にサードプレイスの基本的特徴を見るのである。この点について、彼は、次のように述べている。

　　性別分離はサードプレイスが生まれた主要因であり、今なおサードプレイスがもたらす魅力と恩恵の多くの根拠になっている。中世ヨーロッパでは、既婚女性がたいてい洗濯場に集まり、その夫たちは酒場に集まった。一世紀前のニューヨーク市では、労働者が地元の居酒屋に集まったいっぽうで、その妻たちは玄関前の階段に集まっておしゃべりをした。床屋が男たちの社交場であるように、美容院は女たちの社交場であるにちがいない。

（オルデンバーグ2013：366-367）

　さて、磯村にオルデンバーグのようなジェンダー論的視点があったならば、彼は、女性たちの「第三の空間」として、日本においてどのような場所を指摘しただろうか。商店街や百貨店、あるいは趣味の稽古ごとの教室だったのだろうか。ここでは、そのことは脇におくけれども、両者が「第三の空間」「サードプレイス」を同性の者たちが作り出す交際空間としてとらえていたこと、これが大衆社会に生きていた磯村英一とR.オルデンバーグの限界であったことを確認しておきたい。

3.2 人間関係論的観点

3.2.1 若者論

　次に人間関係論的観点からの、これまでの社会学的ソシアビリテ研究を振り返っておこう。まず初めにあげられるのは、都市の若者に関する実証的な研究がある。よく知られたW.F.ホワイトの『ストリート・コーナー・ソサエティ』は、アメリカのイースタンシティの中心地にあるスラム街、コーナヴィルについてのコミュニティ研究とみなされがちだが、筆者には、むしろそこにおけるイタリア系若者たちのソシアビリテの研究のように思われる。そう考えなければ、細々とした彼ら同士のやりとり、たとえば、彼らのボウリング試合の結果について論じる意味を見出すことはできないだろう。

　また同様に、教育社会学の業績として名高いP.ウィリスの『ハマータウンの野郎ども』も、よく言われているように、イギリスのハマータウンにおける「落ちこぼれ」の若者たちが、労働者としての階級文化を再生産していることを明らかにした業績であるのは事実だけれども、それはまた、そうした若者たち相互のソシアビリテを論じたものとみなしうる。

　さらに、同様な研究は日本にもある。佐藤郁哉の『暴走族のエスノグラフィー　モードの叛乱と文化の呪縛』は、人類学と社会学が交差した地点に生まれた珠玉の作品と言ってよいと思うが、それは暴走族の若者たちの「仲間（ツレ）」との社交のありさまを、生き生きと描き出している。

　ただし、これらの若者についてのソシアビリテ研究は、そのいずれもが男性同士のソシアビリテに限られていたことを指摘しておくことは大切だろう。この時期の若者論は、ここであげた三つの研究業績に止まらないことであったが、一様に男性若者のソシアビリテ研究であったという限界を有していた。このことは、深く反省されてよいことのように思われる。

3.2.2 社会関係資本論

　第二に、社会関係資本論がある。R.D.パットナムの『孤独なボウリング　米国コミュニティの崩壊と再生』が出版されて以来、社会関係資本（ソーシャル・キャピタル）をめぐる多様な研究が一気に拡大した[5]。この書は、同じボウリング場で知り合った二人のアメリカ人、ジョン・ランバートとアンディ・ボシュマのエピソードから始まる。ランバートは64歳の黒人、ボシュマ33歳の白人だった。ボシュマは、ランバートが腎臓移植を3年間待機していることを知って、自らの腎臓の提供を申し出た。彼はこういう関係性を高く評価する一方で、最近のアメリカ社会を深く憂慮している。パットナムは言う。「われわれ米国人は、互いを再び結び付け合わなければならない。本書のシンプルな主張はこの点にある」（パットナム2006：28）。

　パットナムは、「社会関係資本が指し示しているのは個人間のつながり、すなわち社会的ネットワーク、およびそこから生じる互酬性と信頼性の規範である」と述べているが、これはまさにソシアビリテへの注目と言ってよいだろう（パットナム2006：14）。ただし、彼以降の社会関係資本論は、ソシアビリテを「資本」という経済学的視点でとらえる傾向が極めて強い。資本は価値を生み出す母体であり、「役立つもの」だという暗黙の前提を含んでいる。それゆえ、異なる集団を橋渡しする「橋渡し型の社会関係資本」と集団を結束させる「結束型の社会関係資本」という機能類型ばかりが注目されがちであるが、パットナム自身の論述を注意深く読むならば、彼はより幅広い現象を視野に入れていることがわかる[6]。この点は、あらためて後述することにしたい。

3.2.3 ボランタリー・アソシエーション論

　さて、第三の議論として、日本の都市社会学に目を向けてみよう。まず戦後の都市社会学を振り返ると、1980年代に佐藤慶幸と越

智昇の二人を中心にして研究されたボランタリー・アソシエーション論をあげることができる。ギュルヴィッチは、ソシアビリテを自発的なものと組織的なものに分類したが、二人がいずれも注目したボランタリー・アソシエーションは、まさに自発的なソシアビリテだったと言ってよい。ただし、二人がボランタリー・アソシエーションの対抗軸として想定していた「組織されたソシアビリテ」は、まったく異なっていたのではなかろうか。

　佐藤が対抗軸として措定したのは、職場の官僚制だった。彼は、硬直化した官僚制組織とは異なる原理を、地域社会におけるボランタリー・アソシエーションに見て、やがて生活クラブ生協の「女性たちの生活者運動」研究へ突き進んでいった。一方、越智がボランタリー・アソシエーションの対抗軸として措定したのは、町内会・自治会のような伝統的な地域集団だった。彼は、ボランタリー・アソシエーションがそうした伝統的地域集団からはみ出しつつ、また逆に結び付きながらも存在してきていることに注目したのである[7]。

　彼らが注目したのは、いずれも家庭でも職場でもなく、そして伝統的地域社会にもない場所としてのボランタリー・アソシエーションだった。それはまさに、磯村が「第三の空間」と呼んだものにほかならなかった。また、それ以外にも両者には共通する点もあった。彼らが見ていたボランタリー・アソシエーションの担い手の多くが、女性たちだったことである。彼らの研究は、若者のソシアビリテ研究と同様に、当時日本社会に一般的だった、先に述べた性別年齢別分断社会を反映したものだった。それは、ある意味で、仕方がなかった時代の制約だったと言えよう。

3.2.4 パーソナル・ネットワーク論

　同じく日本の都市社会学における議論であるが、第四のソシアビリテ論として学界の一大ブームになったのが、ボランタリー・アソシ

エーション論の後に現れた、パーソナル・ネットワーク論である。その代表的なものとしては、大谷信介著『現代都市住民のパーソナル・ネットワーク』（1995年）、松本康編『増殖するネットワーク』（1995年）、森岡清志編『都市社会のパーソナルネットワーク』（2000年）などがある。

　ちなみに、日本社会学会の社会学文献情報データベースで「都市ネットワーク」のキーワードで検索してみると221件もの数がヒットする（2022年9月確認）。そして、それらは1990年代から急増しているのがわかる。その要因を知識社会学的に述べれば、この時期にパソコンが急速に普及したことによって、大量の数量データについての分析が容易に行えるようになったことが背景にあると言ってよいだろう。しかし、今やこうした研究手法は個人情報についての意識変化や規制が厳しくなるにつれ難しくなってきていることは、社会学研究者には、よく知られていることである。

　また、こうしたパーソナル・ネットワーク論の内容については、その限界を指摘することも大切だろう。それは、こういうことである。これらの研究は、近隣ネットワーク、親族ネットワーク、友人ネットワークなどの実態と変容、そしてそれらと地域性や階層との関係について、それまで知られていなかった事実を一定程度明らかにしたことという点は、間違いなく、たしかなことである。しかしながら、その手法がもっぱら数量調査であったことの限界から、知見が現実を立体的に再構成するというよりも、現実社会の一面を切り取っただけの平板な印象を与えるものであったことは否めないのではなかろうか。すなわち、それらは実証的データに基づく事実の提示であったとはいえ、あるいは、そうであったがゆえに、都市における若者論の諸研究がなしえたような、都市に生きる人間の実態、ソシアビリテについての「活写」には、至らなかったと言わざるを得ない[8]。

4. ポスト大衆社会におけるソシアビリテという課題

　筆者の見るところ日本社会は、1990年代以降、ポスト大衆社会と呼びうる新たな段階に入っている。すなわち、そのころから日本では、先に述べた性別年齢別分断が崩壊し始めるのである。その要因には、少子高齢化や知識社会化、新自由主義の伸長、あるいはグローバリゼーションといった事情がある。こうしたなかで、都市におけるソシアビリテがあらためて注目されている。

　近年の新型コロナ禍において、政府によって、いわゆる三密（換気の悪い密閉空間・多数が集まる密集場所・間近で会話や発声をする密接場面）を

図2　「三密」ポスター

避けるようにとのキャンペーンが行われた。そのことによって、逆に人々の孤立を防ぎ暮らしを守るために集まる場所が必要だという意見が強まった。アメリカの社会学者、E.クリネンバーグが2018年に刊行した、*Places for the people* は、2021年の邦訳本では『集まる場所が必要だ　孤立を防ぎ暮らしを守る「開かれた場」の社会学』と題されて出版された。この本の帯には「コロナ禍を経験した今こそ、私たちには集まる場所が必要だ」とある。

　本書において、クリネンバーグは、「パットナムが『孤独なボウリング』を刊行したときに懸念していた問題は、現在も同じように蔓延しており、ある意味でもっと極端になっている」と危機感をあらわにする（クリネンバーグ2021：28）。そして、人々の孤立や孤独を防ぐために

は「社会的インフラ」を整備しなければならないと言う。

彼は、アメリカにおいて、うまく行っている事例をいくつもあげている。たとえば、図書館である。ニューヨーク市の図書館は、たんに本を読んだり、貸し出してくれたりするところではない。そこは利用者同士の交流の場にもなっていて、オープンでインクルーシブな場だと言う。

具体的には、児童フロアがあるので子連れで来た者同士が知り合えるし、高齢者にとっては「読書クラブや映画会や手芸サークル、絵画教室や音楽教室、さらには時事ニュースやコンピューターの教室などを通じて、文化に触れたり、誰かと交流したりする場所だ」と言う。もちろん、若者やホームレスの人々にも開かれている。

日本の図書館しか知らなかった筆者が驚いたのは、ニューヨークの図書館では、ティータイムを準備したり、インターネットを使って支部図書館対抗ボウリング大会を開催したりしていることである。周知のように近年の日本では、公立図書館に指定管理者制度が導入され、民間企業による「効率的」運営が推し進められつつある。この点政策的な意味において、日本とアメリカとでは、図書館に対する根本的な認識がまったく異なっていると言わざるを得ない。

クリネンバーグは、図書館のみならず、託児所、学校、公園、農場、スイミングプールなどにも言及している。彼によれば、それらは、その施設としての本来の機能を果たせていればよいというのではなく、そこに集まる多様な人々が知り合い、交流するための「社会的インフラ」であるべきである。彼の、その主張は極めて明確である。「識者や政策立案者は、人々がもっとお互いの共通点を見つけて、市民的な交流に参加することが大切だとよびかけた」。しかし、それよりもむしろ「社会的インフラをきちんとデザインして、構築し、維持し、投資する」ことが重要なのである（クリネンバーグ2021：9）。

こうしたクリネンバーグの主張は、ソシアビリテを豊かにするため

には、「第三の空間」あるいは「サードプレイス」は、いかにあるべきかという課題を突き付けていると言ってよいだろう。

　さて、日本においても最近新たな「都市におけるソシアビリテ」に関する研究が現れた。成元哲は、近年全国に広がって登場してきた「子ども食堂」を論じるなかで、次のように述べている。

　　見知らぬ子どもから子育て中の母親、高齢者までが集い、家族機能のシンボルのような「食」を共にする子ども食堂。ある地域社会や社会集団にみられる人と人との結合関係、あるいは「おつきあい」の様式を、社会史の研究ではソシアビリテという。後の歴史から振り返るとき、2010年代の日本社会は、空前の盛り上がりをみせる子ども食堂で、家族でないものの、共に食事をとりながら交流する「食卓をめぐる新しいソシアビリテ」が誕生した時代として記憶されるかもしれない。　　　　　　　　　　　　　　　　（成2020：49-50）

　ところで、クリネンバーグが対象とする「社会的インフラ」と成が対象とする「子ども食堂」には、注目すべき、いくつかの共通項目がある。

　その一つは、彼らが見ているものが、いずれも性別や年齢が異なる人々が織りなすソシアビリテである、という点である。すでに述べたように、時代はすでにポスト大衆社会に入っている。今後、社会学者が研究対象とするソシアビリテの多くは、同質的な人間同士のソシアビリテではなくて、性別的にも年齢的にも異質な人間によるソシアビリテになるであろう。この点について、男性と女性が混在するソシアビリテという点では、ソシアビリテ概念の始原である18、19世紀の社交世界への回帰と言えなくもない[9]。

　もう一つの共通点は、図書館とか食堂とか、具体的な場所で生起するソシアビリテを問題にしている点である。これまで述べてきたよう

に、ソシアビリテには空間論的観点と人間関係論的観点が存在する。そして、その原初にあった「サロン」とは両者が統一した言葉であったのだけれども、しかし、その後のソシアビリテ論は、二つの観点をまったく別のものとして追及してきたのではなかろうか。磯村英一の第三空間論は、人間関係論的分析が希薄だったし、逆に近年一世を風靡したパーソナル・ネットワーク論には、「集まる場所」という視点が希薄だった。筆者は、こうした限界を超えて、もう一度、ソシアビリテを具体的な場所に埋め戻すべきであると考える。

　最後に、今後のソシアビリテ研究において留意すべき事柄を一つ追加しておきたい。先に、パットナムの社会関係資本論に触れた際に、「橋渡し型の社会関係資本」と集団を結束させる「結束型の社会関係資本」という機能類型ばかりが注目されがちであることを指摘しておいた。じつは彼は、社会関係資本にかかわって、もう一つの類型を提示している。それは、マッハー（macher）とシュムーザー（schmoozer）という類型である。彼はこの二つのタイプについて次のように説明している。

　　マッハーは、現在の出来事を追い、教会やクラブの会合に行き、ボランティアを行い、慈善寄付をし、コミュニティ事業のために働き、献血をし、新聞を読み、スピーチを行い、政治に関心を持ち、頻繁に地域集会に出席する。統計学的に言えば、これらの活動のどれか一つでも行うことは、他の活動を行う確率を大きく上昇させる。コミュニティ事業に従事するものは教会に通っている可能性が高く、新聞読者はボランティアであり、クラブに通うものは政治に関心を持ち、献血者は集会に出席する可能性が高い。マッハーは、コミュニティにおける万能のよき市民である。

　　シュムーザーは活動的な社会生活を送っているが、マッハーとは対照的に、その関与はそれほど組織立ったり目的をもってはおらず、

より自然発生的でまたフレキシブルである。彼らはディナーパーティをし、友人と出かけ、トランプで遊び、しばしばバーやナイトスポットに行き、バーベキューをし、親戚を訪ね、季節の挨拶状を送る。ここでも、何か一つを行うことは、他のことを行うことと有意に関連している。これら全てにあるのは、アレクサンダー・ポープのぴったりの表現を使えば、「魂の交歓」である。

(パットナム 2006：106-109)

　簡単に言ってしまえば、マッハーは「フォーマルな組織に多くの時間を費やす」のに対して、シュムーザーは「インフォーマルな会話や親交に多くの時間を使う」のである。パットナムは、社会関係資本を考えるうえで、シュムーザーの行為に特別な注意を払う必要がある、と述べているが、これは大切な意見だと考える。ソシアビリテ研究は、視野をマッハーの世界のみに限ってはならず、インフォーマルな世界への注目でなければならない。

　まとめれば、ポスト大衆社会におけるソシアビリテ研究は、特定の場所において、性別と年齢を異にする人々が、インフォーマルに、どのような「人と人との結びあうかたち」をとっているかを明らかにするものである。

　本書は、この課題に挑戦するものである。

注
1）　「クラヴサン」とはチェンバロのことである。
2）　サードプレイスは、文字通り「場所」を意味する言葉であるが、石山（2019）は、それと「人間関係」を混同している。また、そればかりか「共同体（コミュニティ）」と「組織（オーガニゼーション）」を混同している点でも、社会学的に言って基本的な概念上の混乱が見られ、問題が多いと言わざるを得ない。
3）　ここで、磯村が「大衆」という言葉を使っていることは注目に値する。たしかに彼が見ていたものは大衆社会の現実であった。本稿では、前期の近代社会を指して「大衆社会」と呼ぶことにする。

4) この点は、笠間（2021）も指摘している。また藤岡（2017）は、商店街を「第三の空間」としてとらえて、それの流入者を地域社会に段階的に受け入れる機能に注目している。大衆社会において買物は主として女性の役割だったことを考えると、これは、女性にとっての「第三の空間」の意味を示唆していると言えよう。

5) 社会関係資本論について概観するには、稲葉（2011a）がよい。この概念を都市社会学に取り入れたものとしては、金子（2007）がある。

6) たとえば、チェンバースは「重要なのは、パットナムは人間を本来的に結社的な存在であるとは見ていない点である。そこでは、合理的選択理論にしたがい、自己の利益を最大化することを目的として、私的な投資としてしか他人とつながろうとしないような、利己的な個人が想定されている」と批判しているが、これはいくら何でも言い過ぎであろう。（チェンバース2015：156）

7) 筆者は、第88回日本社会学会大会（2015年）において、佐藤を招いて行われた若手研究者との対話の際に、同時期に同じくボランタリー・アソシエーションを研究対象としていた越智の仕事について、どう思うのかと、彼に尋ねたことがある。彼はこう答えた。「私は未来をみていたが、越智先生は過去をみていた」。これは、極めて的確な言葉であり、両者の研究の対照性が際立つ表現である。

8) 筆者はかつてこうしたパーソナル・ネットワーク論について、実証主義の弊害を示すものとして批判したことがある。（早川2020：22-41）

9) 近代化が男女別のソシアビリテを生み出したことは大枠としては正しいが、そこには文化的な偏差があったことも事実だろう。こばやしあやなは、フィンランドにおける混浴の公衆サウナをサードスペースとして評価している。（こばやし2019）

10) 秋津元輝と渡邊拓也らは、親密圏と公共圏の継ぎ目を「中間圏」と呼び、そこをアリーナとして展開される相互作用を分析している。これは、本章とは考察対象に対する問題関心において重なる点も多いとはいえ、ソシアビリテを空間論的観点と人間関係論的観点から分析した、ここでの記述とは、まったく違った視角からの研究である。問題なのは、彼ら自身も認めているように、中間圏の範囲が曖昧模糊としていることである。中間圏には、コミュニティもアソシエーションも、対面的な現実空間も非対面的なネット空間も入るので、考察対象が拡大する半面で、この概念を用いなければならない意味が、ひどくぼやけてしまっている。これに対して本章は、都市社会における実態としてのソシアビリテの現代的位相を考える、という基本軸を堅持する。（秋津・渡邊編2017）

参照文献

秋津元輝・渡邊拓也編（2017）『せめぎ合う親密と公共　中間圏というアリーナ』京都大学学術出版会。

石山恒貴（2019）『地域とゆるくつながろう！　サードプレイスと関係人口の時代』静岡新聞社。

磯村英一（1989a）『磯村英一都市論集Ⅱ』有斐閣。

　　　　（1989b）『磯村英一都市論集Ⅲ』有斐閣。

稲葉陽二（2011a）『ソーシャル・キャピタル入門　孤立から絆へ』中公新書。

稲葉陽二他（2011b）『ソーシャル・キャピタルのフロンティア　その到達点と可能性』ミネルヴァ書房。

Willis ,P.E.（1981）*Learning to Labor : How Working Class Kids Get Working Class Jobs.*（熊沢誠・山田潤訳『ハマータウンの野郎ども　学校への反抗・労働への順応』ちくま学芸文庫、1996年）

越智昇（1986）「都市における自発的市民活動」『社会学評論』第147号。

―――（1990）「ボランタリー・アソシエーションと町内会の文化変容」（倉沢進・秋元律郎編『町内会と地域集団』ミネルヴァ書房、pp.240-287.）

―――（1990）『社会形成と人間―社会学的考察』青娥書房。

―――編（1999）『都市化とボランタリー・アソシエーションの実態に関する社会学的研究』科学研究費研究成果報告書。

Oldenburg,R.（1989）*The Great Good Place : Cafes, Coffee Shops, Bookstores, Bars, Hair Salons, and Other Hangouts at the Heart of a Community.*（マイク・モラスキー解説、忠平美幸訳『サードプレイス　コミュニティの核になる「とびきり居心地よい場所」』みすず書房、2013年）

笠間千浪（2021）「『第三圏』とジェンダー　潜在する＜対抗的ホモソーシャル圏＞」神奈川大学人文学会『人文研究』202、2021年、pp.1-31.

金子勇（2007）『格差不安時代のコミュニティ社会学　ソーシャル・キャピタルからの処方箋』ミネルヴァ書房。

Cuvillier,A.（1950）*Manuel de Sociologie.*（野口隆訳『社会学』三一書房、1964年）

Gurvitch,G.（1950）*La vocation actuelle de la sociologie.*（寿里茂訳『現代社会学大系　第11巻　社会学の現代的課題』青木書店、1970年）

こばやしあやな（2019）『公衆サウナの国フィンランド　街と人をあたためる、古くて新しいサードプレイス』学芸出版社。

工藤庸子（2018）『政治に口出しする女はお嫌いですか?』勁草書房。

Klinenberg,E.（2018）*Palaces for the People : How Social Infrastructure Can Help Fight Inequality, Polarization, and the Decline of Civic Life.*（藤原朝子訳『集まる場所が必要だ　孤立を防ぎ、暮らしを守る「開かれた場」の社会学』英治出版、2021年）

阪本浩・鶴島博和・小野善彦編（2008）『ソシアビリテの歴史的諸相　古典古代と前近代ヨーロッパ』南窓社。

佐藤郁哉（1984）『暴走族のエスノグラフィー　モードの叛乱と文化の呪縛』新曜社。

佐藤慶幸（1982）『アソシエーションの社会学　行為論の展開』早稲田大学出版部。

　　　　　（1995）『女性たちの生活者運動　生活クラブを支える人びと』マルジュ社。

Simmel,G.（1917）*Grundfragen der Soziologie : Individuum und Gesellschaft.*（清水幾太郎訳『社会学の根本問題　個人と社会』岩波文庫、1979年）

成元哲（2020）「コロナ禍の子ども食堂　食卓をめぐるソシアビリテの変容」『現代思想』48（10）、pp.49-56.

成元哲・牛島佳代・鈴木健一郎（2023）「子ども食堂を生みだすソシアビリテの形態

現代日本の社交性」『中京大学現代社会学部紀要』第16巻第2号、pp.57-82.

Chambers,D.（2006）*New Social Ties : Contemporary Connections in a Fragmented Society.*（辻大介他訳『友情化する社会――断片化のなかの新たな〈つながり〉』岩波書店、2015年）

二宮宏之編（1995）『結びあうかたち』山川出版社。

―――（2011）『二宮宏之著作集3　ソシアビリテと権力の社会史』岩波書店。

早川洋行（2003）『ジンメルの社会学理論』世界思想社。

―――（2020）『われわれの社会を社会学的に分析する』ミネルヴァ書房。

藤岡達磨（2017）「他者との接触と共在の空間としての商業空間　1990年代以降の日本における商業空間論の変化に着目して」神戸大学『21世紀倫理創成研究』10、pp.92-110.

Putnam,R.D.（2000）*Bowling Alone : Revised and Updated : The Collapse and Revival of American Community.*（柴内康文訳『孤独なボウリング―米国コミュニティの崩壊と再生』柏書房、2006年）

Whyte,W.F.（1943,1993）*Street Corner Society.*（奥田道大・有里典三　訳『ストリート・コーナーソサエティ』有斐閣）

松本康（1995）『増殖するネットワーク　21世紀の都市社会学1』勁草書房

宮川公男・大守隆編（2004）『ソーシャル・キャピタル　現代経済社会のガバナンスの基礎』東洋経済新報社。

森岡清志編（2000）『都市社会のパーソナル・ネットワーク』東京大学出版会。

Luhmann,N.（2012）*Essay on Self-reference.*（土方透・大澤善信訳『自己言及性について』ちくま学芸文庫、2016年）

第1章　ソシアビリテと社会学

第2章　マダムとオヤジの会話

この章では、この3年間で筆者が聞き取ったサウナ室の会話を記述する。前章で述べた通り、ソシアビリテの研究は、社会学においてG.ジンメルに始まった。しかし、その彼は、後にM.ウェーバーから、次のように批判された。「私は主観的に考えられた意味と客観的に妥当する意味とを極力区別するため、この点、『社会学』および『貨幣の哲学』に見られるジンメルの方法とは見解を異にする。ジンメルは、二つの意味を区別しないことがあるばかりか、好んで曖昧にしていることが多い」（ウェーバー 1972 : 8）[1]。

　この批判は正鵠を射ている。たしかに、ジンメルは主観的意味と客観的意味を曖昧にした。そのことは紛れもない事実である。しかし、彼にとって、それは意図的なことだったのである。ジンメルは、「社会は観察者を必要とはしない統一体」と述べていた（ジンメル2018 : 39）。つまり彼は観察者を特別な位置に置かない。観察者は観察対象の一人でもある。おそらく彼は、その場にいる当事者が思う主観的意味と、その場面を俯瞰してよそから眺めてとらえる客観的意味は、区別する必要がないというか、むしろ区別しないからこそ伝わるものがあると考えていたと思う。まさにそれこそが「生活世界（Lebenswelt）」の心的相互作用を捉えようとする、形式社会学の真骨頂であった[2]。

　筆者は、この点でジンメルを全面的に支持する。とりわけ、ソシアビリテのリアリティはそうした主観的領域と客観的領域のマージナルなところに明らかになると思う。それゆえソシアビリテの具体的場面を記述するこの章では、かつてジンメルがそうしたように、あえて主観的意味と客観的意味を区別せずに記述することにしたい。

【陰口】

「会話はご遠慮ください」と貼り紙が貼ってある。筆者は、狭い空間に人がいて、それがまた同じレッスンという経験をして来た者たちなら、会話するなというほうが無理だと思う。とはいえ、世はコロナ禍である。サウナ室内で話す人たちは、みなマスクをしている。筆者は、そういう人たちとは違って、レッスンを受けず、マスクも話もせず、黒子に徹して、ここではひたすら参与観察をしている。

今日、サウナ室から高齢オヤジが一人出て行った後の会話。「あのひと、ぽそっと、うるさいと言ってはった」。「あん人なぁ、前も言ってはったで」。「あたし、あん人の奥さんも来てはるから、知ってるけど、奥さんがかわいそうやわぁ」。「あん人なぁ、自分の好きな話はしてはるでぇ、どうなんやろな」

マダムたちの会話は一段と盛り上がる。

サウナ室には、男性は筆者のほかもう一人。その彼は、筆者の目を見て言った。「女の人には、男は気をつけなあかんで」。筆者は、そっと、うなずいた。(2020.9.28)

【バスの座席】

「Go to トラベルで東北に行ったんやけどな、バスの席替えがないねん。しかも左右の窓側に離れて座らなあかんねん。なぁーんにも、しゃべらへん。しかも、県内でしか通用しない地域クーポンを使わなあかんから、数県にまたがるツアーやったし、バスが停まるたびに買い物に走って、大変やったわぁ」

それを聞くマダムたちは、みな彼女に同情する。「クーポン無駄にしたらあかんと思うもんなぁ」。そして何より、バスで隣席に人がいなくて、おしゃべりができないことが問題だという。マダムたちにとって旅行の魅力の一つは間違いなく「おしゃべり」であるようだ。

筆者は思った。連れ合いと旅行するときのことである。席が埋まっ

ていない限り、彼女は、隣ではなく前か後ろに座る。（2020.10.17）

【歴史は繰り返す】

「昔、母に言われたわ。あんたも60になったらわかる、70になったらわかる。たしかにわかるわぁ、昔できたことができないのよ」。それを聞いていたマダムが言った。「今、わたし、娘に言っているわ」

（2020.10.19）

【GO to EAT券】

「GO to EAT券、あったやん。でな、Hotto Motto（弁当店）で使おうとしたらダメですと言われたん」。「えぇ、そうなん。うちはなぁ、鶏笑（唐揚げ店）とかCOCO'S（ファミリーレストラン）とか、かつや（外食チェーン店）でつこうとるよ。テイクアウトで使えるからな。仕事のあと疲れたときとか、ここに来て夕飯作るのが面倒になるときあるやん。そういうとき、これまでラーメン屋に行こか、となってたけど、これは助かるわぁ」

この話をしたら、連れ合いは、「家で作れよ」と言った。まったく同感である。GO to EAT券は、我が家も買ったけど、子どもたちが帰って来た時のイベント用である。しかし、夫婦どちらかが料理する我が家と違って、旧来の性別分業と女性就労が一般化した世間では、そういう使い方があるのだ、というか、それがむしろ当たり前なのだと勉強になった。（2020.10.27）

【高齢オヤジと高齢マダム】

マダムは、左腕に絆創膏をしている。サウナに入ってくる人があるたびに聞かれている。「どうしたん」。「あんな、今日、○○センターの健診に行ってきたん。1時半からやけどな早く行けばやってくれるかなと思って、行ったんやけどな。だめやったん。それでな。オプショ

ンでな、初めてガンの血液マーカー検査って知ってはる。それやった
ん。8800円もしたんや」

高齢オヤジが言った。「どこか、気になるんか」。彼女は答える。「夏
の間、胃の調子が悪くて」。高齢オヤジは言う。「わしは75歳やけどな、
毎年、胃カメラを飲んどる。○○（隣の市）のな、△△ホテル近くの
□□病院がいいで、あそこの先生は胃カメラの名人や。なんやったら、
俺の名前を出せばいいで」。「ええことを聴いたわあ」

高齢オヤジがサウナから出て行った後、マダムたちが数人入ってき
た。絆創膏を見て「どうしたん」。彼女は同じ話を繰り返す。「あんな、
今日、なごやかセンターの健診に行ってきたん。1時半からやけどな
早く行けばやってくれるかなと思って、行ったんやけどな。だめやっ
たん。それでな。オプションでな、初めてガンの血液マーカー検査っ
て知ってはる。それやったん。8800円もしたんや」

一人の高齢マダムが言った。「あんた、何歳?」。彼女はちょっと躊
躇して言った。「40代です」。「うちの娘と同じやなぁ」。話はそれで終
わった。（2020.11.2）

【仕事はおやつ】

「帰ったら仕事や」。「家で仕事してはるの?」。「趣味や」。「へえ〜」。
「おやつ食べな、あかんねん」。爆笑。

不思議な会話だった。笑った人たちは、仕事＝おやつと思ったよう
だった。筆者は、そうかなと思った。想像だけど、たぶん彼女はおや
つを食べながら何かの仕事をしている。その金銭的対価はないから
「趣味」と言ったのだろう。もしかしたら、家事、あるいは介護か。い
ずれにせよ、他人には聞かれたくない「仕事」だったのだろう。

（2020.11.9）

【浅間山の噴火】

「浅間山が噴火したで」。「ええっ…、よかったな。最近元気ないと皆言ってはったからな」

「びっくりしたで。わしはここや、浅間山はそこや。わしは震えたわ」。浅間山は「やかましい!!!」と噴火するようだ。(2020.11.25)

【檀家をやめる】

高齢オヤジと高齢マダムの会話である。

「うちの主人に断ってほしいと言うんや。でもな、主人はお母さんが生きているうちは、と言ってな」。「うちもそうや。もう、いいですと言っても坊主は年忌には来る。いい歳やし、それが楽しみなんやろうな、もう地元には家もないし、年忌は京都でやっとる。しかし、タクシーで来るんや。○○（二つ隣の市）からやで。車代や食事代が馬鹿にならへん」。「うちもな。お姑さんは、自分からは、言われへん。お前断ってくれと言うんやけどな……」

檀家の仕舞い方の話である。(2020.11.25)

【セクハラ】

マダムのモモリン（仮名）「なんで、男の人はお尻を触るんかなぁ」

オヤジA「わしは、しよらへんで」

オヤジB「わしも、したことないわ」

モモリン「○○さんやけどな、ほんと、やめてほしいわ」

オヤジA「まあ、老い先短い人やからな。ボランティアだと思って……」

モモリン「もっと、清潔な人やったらなあ、私も触ってくれる人を選びたいわぁ」

そこに女性の新人職員を連れたベテラン職員が入ってきた。「汗が落ちた床を拭いてね、マスクをしていない人がいたら注意してね」。みん

な、神妙にその指導を聞いている。

　その時である。オヤジAは、両手を広げていった。「ここ拭いて」

　モモリンは、すかさず言った。「それ、セクハラやろ!!!」

　オヤジBの目は点になっていた。（2020.12.2）

【慣習をやめる】

　高齢マダム2人が真剣に話している。お歳暮と年賀状をやめることについて。お互い、もうやめたいと言いあっている。不思議な光景である。筆者は思う。そんなにやめたければ、やめればいいのではないか。そうではないのだ。彼女たちは、やめることを誰かに承認してもらいたいのである。おそらく、始めたのも昔からの慣習だから、である。だから、それをやめるのも慣習にしてもらいたい。自分の責任ではない。

　これはすべて、社会の流れだから仕方がないとして済まそうとする。これは日本社会の「文化の型」なのかもしれない。（2020.12.8）

【黙サウナ】

　サウナ室には、これまで「マスクをして会話は控えましょう」という貼り紙があった。ところが「新型コロナウィルス感染予防のため」という文言が「新形」になっていて、筆者はそれをジム側に指摘した。こういう間違いは気に障る。まぁこれは学者のさがかもしれない。

　今日、行くと新しい貼り紙があった。大きく「黙サウナ」とあって、その下に「しゃべらない」と書いてある。サウナに入っているときは、会話をするなという前よりもきつい表示である。サウナに入っている人は、その貼り紙を見て、憤慨して口々に話す。「やりすぎだ」。「やさしさがない」。「このサウナには貼ってあって、ミストサウナに同じのものがないのはおかしい」。「あんた、そんなこと言ったら、ここに名前書かれるで」。とてもうるさい。

筆者は、貼り紙を交換させた要因になったかもしれない。そして、社会学者として思うのである。これは「意図せざる結果」と「逆機能」、そして地域社会の「公共圏」。(2021.1.29)

【足指のグー・チョキ・パー】

マダムたちは足指の開閉について議論している。どうやらヨガ教室で足指のグー・チョキ・パーを学んだらしい。私、親指はできるけど…。私は小指だけ…。私は全然ダメと、話している。じっと我慢。じっと我慢。じっと我慢……。

マダムたちが退出した後で、そっと実践してみた筆者。(2021.2.26)

【孫の名前】

「孫が生まれてね。生まれたときは2600グラムだったんやけど、それから減ってね。3日、1週間と病院通ってたんやけど、それから増え始めてん」。「よかったな。そういうもんや。いったん減るけど、また増える。ミルク飲んでるやろ」。「ええ」。「そんなら心配あらへん」

そう言った高齢マダムは、自分の孫のことを思い出したらしい。「うちの孫な。最初の子は『やまと』と名付けたんや。そんでな、次の子は、『たける』や」

その時、筆者は心の中で次に生まれてくる子どもの名前は決まったな、と思った。孫が生まれたと話したマダムが言った。それは筆者が思っていたことと完全に一致した。

「次は、『みこと』やな」(2021.3.6)

【マダムの視線】

マダムたちは、ダイエットの話題で花を咲かせていた。

「あんた、豆腐と納豆でやせたんやろ」。「それは簡単なんやけどな、一月続ければ5キロはやせるで。でも、それを維持するのが難しいねん」

サウナ室にはガラス窓があって外の浴槽がよく見える。外を見ていたマダムが言った。

「あの男の人、やせたよなぁ」。すると別のマダムが言った。「あん人な。すぐ太るねん。ダイエットして限界でリバウンドするタイプやな。あたし太っているのとやせてるのと何度も見たわ」

筆者は、戦慄を覚えた。女の人は、男性をちゃんと見ているのだ。筆者は周りを見渡した。サウナに入っている周りのオヤジたちは、一様に皆うつむいて、無言で自分の腹を見ていた。(2021.3.8)

【外出自粛】

マダムとオヤジたちは、コロナの影響について語り合っていた。

第一は、家族葬が増えたこと。「前から増えていたけどな、もう最近はほとんどそうやで」。みな同意していた。

第二は、銀行のATMが減っていること。「みんな出歩かへんしな。入金にも手数料がかかるところもあるやん。あれ納得できひん」。みな同意していた。

第三は、水着のネット販売。「安いしな。ネットで買おうと思うねん。でもな、いいなと思うのは、Sばかりや。あたしに合うのはあらへん」。オヤジが言った。「これ、Oなんやけどな、安かったで」。マダムが言った。「ええそうなん。太ってはらへんし、MかLだと思ったわ」。オヤジは、それを聞いて、とてもうれしそうだった。幸せだね。

ふふ、サイズLの筆者は、それを聞いて、人知れず、そっとほくそ笑んだ。(2021.3.13)

【男性が聞きたくはない話】

マダムたちの話題は、シミとしわ。

「ヒアルロンサンの効果がもっとあったらな、せめて1年持つとかな」。「そうやね。打ってもすぐなくなるやん」。「松田聖子とか桜井よ

しことか、すごいな」。「そりゃ、芸能人は、毎月、エステに行くように、やってるんちゃう」。「〇〇さんな、背中のシミを取ってもらってたと言ってたやろ」。「あんなん、だれも見てはらんのにな」。「本人が気にするからやろな」。「しわは、すっきりした顔なら、あまりでぇへんちゃう。わたしのような顔はダメや。しわになる」。「いや、すっきりした顔でも垂れるで」。「でも、歳とってシミもしわもないのも怖いで…」

　マダムたちの会話は、この後も延々と続いた。筆者は、サウナ室で、いつものように空気になっている。その時の気持ちである。電車の中で、化粧をしている女性に感じている感覚と似ているなぁ、と。

(2021.3.13)

【スタジオ内での居場所】

　仲良しのマダム二人が語り合っている。話題は別のマダムの件。

　「あたし、ストレスやねん。挨拶もせんし、顔も見たくない」。「でも、上司でも姑でもないから、いいやん」。「でもな。周りの人に、あん人と私が仲良しと思われていることが、いややねん」。「あん人も、私が嫌っていることが、なぜわからへんやろな。私は仕方なく、そばにいるだけやで」

　筆者は耳をそばだてる。なんでマダムは、そんなに彼女を嫌っているのだろう。

　場所はサウナである。筆者はいつもの限界を超えて、これは知らなければならないと我慢する。でも、もう限界である……。ほんとに、こんなことなのか。結果として、聞き取った答えは次のようなものだった。

　「あん人な、スタジオレッスンの時、私のいたい場所を先に取るねん」

(2021.4.16)

【ゴミと自治会】

　自治会のゴミ当番や役員をやりたくないという人はどこにでもいる。そういう人は、ごねて、ついには自治会を脱会させてくれという。その場合の自治会側の対処法もだいたい同じで、ではゴミ集積場にゴミを出さないでくださいね、というものである。

　マダムたちは話す。

　「でも、出す人がいるんや」。「立ち番はおらんのか」。「常に見張るわけにはいかへん」。「うちは『恥を知れ』という看板がついたわ」。「うちは監視カメラを付けたで」

　ゴミ集積場は、自治会費を使って借りたり設置したりしているところもあるからフリーライダー（ただのり）を防ぐのは一苦労である。ただし、筆者は、単身赴任生活をしているから、出す方の気持ちもわかる。とくに今年度は隔週にセカンドハウスに行っている。回収が頻繁にある燃えるゴミやプラスチックごみは何とかなるが、瓶ゴミや缶ゴミそしてペットボトルゴミは、月数回だから自治体の回収日に出せないことが多い。筆者の場合には近くに大手スーパーがあって、そこに回収箱があることで助かっている。というか、それを見越して住居を決めた。もっとも、燃えるゴミやプラスチックゴミにしろ、筆者は管理費を払っているアパートの集積場を使っているから、なんとかやっていけるが、これが地域の集積場で当番をしろと言われても困るのは明らかである。つまり、ゴミ問題は個人の人格の問題だとは言い切れないのだ。

　筆者は、こうしたゴミ問題についてだいぶ前から提言しているのだけど、こうしたことの解決策として行政はそうした人たちのために、駅前などに有料ゴミ集積場を作るべきである。筆者は前任校の環境教育課程で教えていた時、山間地（徳島県上勝町）のゴミ回収システムを見学したことがある。そこは、各戸が分散していたので、ゴミ回収車というものそれ自体がなかった。各戸がゴミ集積場にゴミを持ち寄り、

そこで不用品交換も行われていたのである。都市においても、このシステムを応用すべきではなかろうか。

住民同士が喧嘩するのではなくて、第三の道があるんだよ。そう言いたいのを、今日はサウナの中でじっと我慢した。（2021.4.24）

【コミュニケーションの二段の流れ】

近所に冷凍餃子の店ができた。新聞折り込みでチラシが入った。その話題である。

マダムが得意顔で話している。

「朝すごかったで、行列や。２日間キャベツがもらえるしな、Ａ内科のところまでならんではった」。みんな興味津々。「で、うまいんか」。「それがな、私としては残念。キャベツが多くて肉が少ないねん。次は、ないかなと思ったわ。それとな、タレが別売りやねん。あたしポン酢で食べる人やから、いつもは買わんけどな、200円、高いなと思ったけど、初めてやからな買うた。それは、まぁまぁやったな」

この話。新しいマダムが入ってくるたびに、彼女はしている。彼女は、それはとても楽しそうである。

筆者は、いつものように空気になって、彼女のリフレインを聞きながら考えた。大学院生の頃に習った理論で言うと、彼女は間違いなくマスメディアからの情報を媒介する「オピニオン・リーダー」であり、「コミュニケーションの二段の流れ」仮説を実証している。その影響力は絶大である。

しかし、別の見方もできる。今日の新型コロナ禍にあって、冷凍餃子屋にとっては、このマダムは、コロナ問題で言われる「スーパー・スプレッダー」かもしれないと。（2021.4.26）

【歴史は勝者が作る】

太ったマダムたちが話している。

「連休やから、普段いない人がおったな」。「若い子やろ」。「うまかったな」。「21か22歳ぐらいやろ。学校でダンス習ってはったんと違う」。「細かったな」。「ああ、かわいかった」。「昔はな、みんなそうやったんや」

筆者は、最後の言葉に疑問を感じた。正直に言うと、彼女たちを見ていて、まったく信じられないのである。ぜーったい、嘘だ。でも、思い直した。このサウナに来るのは、これまでの人生に成功した幸せな女性だろう。そうだとすると、あの名言は正しいのかもしれない。「歴史は、常に勝者の歴史である」（2021.5.1）

【今夜の話題】

マダムたちとオヤジが話している。

「市役所前に聖火ランナーが走るんやな」。「ああ、27日やろ」。「看板あるな」。「あたし、武豊が走ると聞いたで」。オヤジは言う。「足を骨折して1カ月休んどったのにな」。ここ宇間市には、JRA（日本中央競馬会）関係の施設がある。彼は有名人である。マダムたちは驚く。「ええっ、そうなん」。「ああ、かかとを骨折したんや」

このオヤジも、どうやらJRA関係者らしい。そして、オヤジは続けて言った。「ええことを聞いたわぁ～」。それにマダムたちは「???」

オヤジは説明した。「晩飯の時な、俺が黙って食べていると嫁が『不味いんか』と聞いてきよるんや。今日はこれでなんとかなる」（2021.5.14）

【矛盾】

ジムというかサウナ室に通っていると人間模様が見えてくる。父と娘ほどの歳の差の二人。よほど気が合うのだろう。二人は、サウナ室で出会うたびに、いつもよく話している。だから筆者は、このオヤジがDさんという名前であることや自宅のリフォームを少しずつ自力でやっていること、マダムは、マラソンが趣味で各地の市民マラソンに

出場しているらしいことを理解した。

　二人は今日も楽しく話していた。Dさんはコロナワクチンの接種を済ませたようだ。「○○堂（スーパー）の2階が接種会場なんてな、△△（府県名）だけやろ」。「ええ、そうなん…」そこに、気難しそうな高齢オヤジが入ってきた。しばらくして彼は言った。「Dさん、わしは挨拶もしよらへんで」。彼は「黙サウナ。しゃべらない」と書いたポスターを指さしている。二人は、とても居心地が悪そうだった。しばらくして、相次いで出て行った。すると外から二人の楽しそうな話声が聞こえてきた。

　高齢オヤジは憤懣やるかたない。そして、大きな声でつぶやいた。「あいつら、文字が読めへんのかいな!!!」

　筆者は思った。「挨拶をしないこと」と「独り言をいうこと」。なぜ彼は前者を肯定し、後者を否定しないのだろうか。（2021.5.28）

【日本文化】

「昨日、ワクチン接種行ってきたで」。「で、やっぱり夜に酒飲んだんか」。「飲んだ」。「こん人、飲むって言ってはったんや」。「注意書きに飲むなとは書いてなかったんや」

「聖火リレー見に行ったか」。「いいや、行かへんかった。来るなと言うとったからな。でもな、行った人に聞いたらタオルやら扇子やら記念品を配ってたそうやで」。「どういうこっちゃ」。「たぶん、去年から準備しとって配らなあかんかったんとちゃう」

「東京オリンピック、なんやかや言うて、始まったら応援するな」。「ああ、応援する」。「でも、そん時、子どもやら孫やらがコロナにかかって、医者がおらんかったら怒るな」。「ああ、怒る」

「どうなるんやろな」。「なるようにしかならんやろ」。「そうやな」

　理より情、価値より状況、「する」より「なる」の日本文化である。

（2021.5.31）

【高齢マダムは何でも知っている】

高齢マダムが、ドクダミの活用について講じている。乾燥させて、お茶にする方法やお風呂に入れる方法と、その場合注意すべきことなどである。一通りの話が終わった時、若いマダムが言った。

「そう言えば、私が20代の頃、足の裏に貼って寝たら毒が取れるというのがあったな。色が変わるんや。すごいブームになったな」。高齢マダムは、知らないという。しかし、別の若いマダムが言う。「あった、あった。今でも家のどこかを探せばあるかもしれん」。それに対して高齢マダムが言う。「そんなもん、どこで買ったん。昔は、ここらにはドラッグストアなかったで」。若いマダムは当惑して答える。「もらったんかなぁ」。その時、高齢マダムが決定的な一言を言って、この話を終わらせた。「それは、私が生まれる前の話やな」(2021.6.11)

【何回目】

オヤジ同士の会話。

「何回目や」。「2回目」。「もう打ったんか」。「ちゃうちゃう。その話とちゃう」(2021.6.19)

【暗黙のコミュニケーション】

高齢オヤジとマダム3人が話している。高齢オヤジは、瞼（まぶた）が垂れてきて視界が見にくくなったと言う。マダムたちは、それは瞼のせいではなくて、視力の衰えではないかと言う。高齢オヤジは、わしの視力は1.2だと反論している。筆者は、高齢オヤジとマダムの間に座って、じっと聞いている。

その時、はた、と気づいた。サウナでは、お尻にスイムタオルを敷いて座るのがマナー。あっ、外に置いてきた。筆者はあわてて外に取りに行き、それをもって戻る。

スイムタオルを手にして戻った筆者を見て、みんながいっせいに笑

う。えっ。

　高齢オヤジは言う。「わしらの話がうるさいと怒って出ていったと思ったがな」。マダムが言う。「こん人は、いつも黙って聞いてはる。それはない」。筆者は小さな声で「失礼しました」と謝る。コミュニケーションというのは、会話しなくてもあるのだ。

　J.ハーバマスに教えてやりたいと思った[2]。（2021.7.3）

【鰻】

　モモリンから「ダーリン」と呼ばれている超高齢オヤジが言う。「今日は丑の日やから、鰻を買うた」。モモリンが言う。「どこで買うたん」。「○○（スーパー）で焼いとったんや」。「いくらやったん」。「3500円やったかな」。その時、筆者は思った。モモリンは、高いの買うたな、と言うに違いない。そう思ったのは、今日私は1980円のを買った。それを今夜夫婦二人で食べるつもりだったからである。しかし、モモリンの返答は違った。「1匹買うたんやな。食べきれるか。余ったら冷凍しとけば、ええよ」

　ダーリンは、お連れ合いに先立たれたので、いつもマダムたちに家事の仕方を聞いていた。モモリンは、ダーリンのよき理解者である。だから、やさしい。（2021.7.28）

【背中の虫刺され】

　サウナ室は階段状になっていて、1段に座れるのは4人。最上段にマダム。その下にＣさんがいた。モモリンがＣさんの背中を見て言う。「虫に刺されたん。見ているだけでかゆくなるわ」。オヤジの背中には、赤い斑点がいくつか。

　モモリンは、それを指で触っている。

　Ｃさんが答える。「窓を開けて裸で寝ているさかいな」。別のマダムが言う。「蚊に刺されたら、そんな跡にはならへん。ダニちゃうか」。

「そうかもしれん。でも、家には犬がおるからな。ノミかもしれん」。別のマダムが答える。「犬のノミは、人を刺すかな」

　なんでもない会話である。しかし、その会話を聞いていた筆者は思った。筆者が、背中の虫刺されを心配されたのは、小学生の頃だったろうか。その時、心配してくれたのは母だったけど、もし、それがマダムだったら、間違いなく、ときめいてしまったに違いないと……。（2021.7.30）

【副反応】

　マダムたちは、ワクチン接種の副反応の話題で盛り上がっている。すこし前は、「〇〇さんは副反応出たんやって、80歳越えてはるのに」とか、「私40代なのに副反応出なかったんや、どう思う」とか、若い女性に副反応が出るという言説を肯定したうえで、身の回りの状況についての話題で盛り上がっていた。

　ところが、今日のマダムたちは違った。「副反応はな、痩せた人たちにでるねん。△△さんとか□□さんとか、な」。「やっぱり、痩せた人は副反応がきついで」

　筆者は思う。若くて痩せている人に副反応が出る……。筆者は、マダムたちのルサンチマンを感じた。（2021.8.3）

【洗濯槽クリーナー】

　「洗濯機の掃除なんやけどな。あれ、なん言うんかな」。「洗濯槽クリーナーの話な」。「そう、そう、それ」。「やったんけどな、次に洗濯したら、ゴミがびっちりついてん」。「あれはな、やったあと、もう一回、普通に回さなあかんねん」。「えっ、ちゃんとやったえ」。「いやいや、その後で、もう一回回さなあかんねん」。「そうかぁ、それは知らんかったわ」

　筆者は、結婚してからこれまで、ずっと自分の家事仕事として、洗

濯機と付き合ってきた。

　だから言いたい。洗濯機に洗濯槽クリーナーを入れて3～4時間放置したのか。多分それをしていないので、カビが中途半端に取れた結果だろう。そして、あんた、これまでクリーナーほとんど使っていなかったのではないか。そして、もう一回回せと言う、マダムもどうかな。

　主夫は主婦に勝ることもあることを実感した。(2021.8.10)

【クラス・カースト】

　この話は何度も聞いてきた。でも、よくわからなかった。マダムたちは、スタジオ内での位置取りにすごくこだわっている。

　「今日なぁ、あたしあそこにいていいんやろか」。「ええ、ええ、今日は人が少なかったしな、良かったんちゃう」。「○○さんは、どこやった」。「あん人は左の少し前のところ」。「あたしな、いつものところ誰もいないと思ってん。でも、今日は先に取られて、左の後ろでやったんや」

　これが何の問題なのか。筆者は、スタジオレッスンを受けていない。だから、意味不明だったのである。連れ合いはスタジオレッスンを受けている。そこで彼女に聞いてみた。その結果、すべての謎が氷解した。

　講師が先頭で踊る。しかし、後ろの人はそれが見えない。自分の前の人を手本にする。前の人が失敗すると、次々に連鎖的に後ろの人が失敗する。だから、前で踊る受講生の責任は重大で、後ろの人からその場にふさわしいのかどうかという、チェックが入るのだ。まさにクラス・カーストである。

　筆者がやっている大講義室の講義では、後ろの席にはモニターがあって、講師の姿が映し出される。筆者は、ジムが、同様の設備をつければよいだけの話ではなかろうか、と思う。

しかし、マダムたちにその発想はない。「あん人、よく、あそこにいるなぁ」。マダムたちの話は花盛り。社会学者としては、まぁ、それもいいかな、と。(2021.8.11)

【Cさんの人生】

　サウナに入ると、Cさんをマダムたちが餌食にしていた。「Cさん、奥さんにちゃんとプロポーズしたの。私、想像できひん」。Cさんは答える。「わしは15歳から働いてきた。いつも朝仕事をして、その後喫茶店で飯を食うねん。当時はインベーダーゲームが流行っててな。それもあった。相手は、そこで出会った女子大生でな。当時わしはパンチパーマやった」。マダムがからかう。「てっきり北海道の飲み屋で知りおうたんかと思ったわ」。CさんはJRA（日本中央競馬会）に務めている。友人のオヤジが助け舟を出す。「こいつの結納は立派なもんやったで」

　Cさんは筆者より5歳年上だけど、彼らは筆者とほぼ同世代であると言ってよいと思う。たしかにわれわれの世代には、中卒で働きだした同級生は一定数がいた。Cさんは続ける。「向こうの父親は郵便局の局長。母親は病院の婦長やったからな。だから、年金たっぷりもらっとる」

　高齢マダムが尋ねる。「奥さんの実家は○○のどこや」。「△△」。Cさんは答える。

　マダムは言う。「誰かに聞けば、どこの家の娘かすぐわかるな」。Cさんは言う。「娘はサッカーをやっている。高校から家を出てな、中学からわしにはろくに口もききへん。でも金だけはせびりよる。もう32や。どうすんねんと思っとる」。高齢マダムが言う。「そりゃそうや。早く結婚した方がええ」

　転勤族として育ち、大学院生時代に定職もなく学生結婚した筆者とは全く違う人生。そしてそれは、娘との関係にも反映しているのだろ

う。筆者は、ここでこういう市井の生活を聞くたびに、学者がマイノリティであることを自戒する。(2021.8.17)

【神さん】

高齢マダムとダーリンが話している。

高齢マダムが言う。「元気やな」。「ああ、プールで最高齢やと思ったがサウナでもかな」

「いくつになった」。「86や」

そこに70歳を超えたオヤジが入って来た。「久しぶりやな」。「しかし、お互い日本に生まれてよかったな。アフガニスタンに生まれたら大変やった」。「それは、そうや」。「資本主義か社会主義かはともかく、神さんがいるとな」。「あぁ、独裁者は殺せばいいが、神さんがいるとな」。「そりゃあ、やっぱ、たいへんや」。「日本に生まれてよかったなぁ」。3人は深く納得している。

筆者は思う。いや、あんたたち、そういう発想自体が、日本の神さんのおかげとちゃうんかいな。(2021.8.23)

【Cさんとマダム】

ジムには、サウナ室は二つある。ミストサウナと遠赤外線サウナである。ミストサウナは、利用者が長居しないので、これまでの話はすべて遠赤外線サウナの話である。

今日、ミストサウナに入ると、Cさんが倒れていた。かなり疲れているのだろう。入ってきた筆者を見て、ああ、あんたかと、また寝そべっている。

そのあとのことである。いつものサウナに入る。

Cさんは最上段の一画で汗を、たらたらとたらしている。そこにモモリンが入ってきた。席は、その下しか空いていないのだけれども、そこにはCさんの汗がいっぱい落ちている。モモリンは言う。いやや

わあ。彼女はその汗の跡を避けて下敷きのタオルを置いて、座る。場は狭い。横には別のマダムがいる。あんた引っつきすぎやん。文句を言うが、ふたりは仲良しだから、しかし、それは許容された。

その時Cさんは無言。そして、モモリンは、同じサウナにいたオヤジに苦情を言う。「あなたCさんの職場の先輩でしょ。何とか言って」。言われたオヤジは、ただニヤニヤ笑っている。しばらくして、Cさんは立ち上がって、自分の座っていた場所と汗の落ちた下の板を、タオルで丁寧にふき取った。そして、彼は、彼をよけるために立ち上がったモモリンの下に敷いていたタオルを蹴飛ばして出て行った。サウナ中、みんな大爆笑。(2021.8.25)

【不格好自慢】

最上段の隅に座ると隣二人と前下段二人の4人のマダムに囲まれた。しかし、筆者は空気。マダムたちは、筆者を気にすることなく話す。隣は太ったマダム、その向こうは痩せたマダムだった。

太ったマダムが隣のマダムのふくらはぎをさして「見て見て、アスリートの足やで」。そして、自分の下腹をつまんで「うち、こんなや」。指ではない、手のひらでつまんでいる。

「夕べもな、夜デニッシュパンを食べてもうて。60キロ越えや」。「身長はどのくらい」。「161や」。「あたしと同じくらいやな」。隣のマダムが言う。「ほら、座って背は一緒やろ、でも、こん人よりも足が短い。あたし、胴長なんや」

不思議である。マダムは何故に、自分が不格好であることを自慢するのだろう。(2021.8.25)

【スイーツじじぃ】

高齢オヤジ同士の会話。

「わしな、2日にいっぺんにしようと思ってるんやけどな、自販機の

モナカアイス、あれが食べたい。ああ、今日食べたいなぁ」。「何が好きなんや」。「バニラ。前な、チョコレートが入ったやつを食べたけど、あれはあかんな」。「わしもな、自転車で来た時は、アイスを食べながら帰るねん。ちょうど家に着くころなくなる。車で来た時は早く着きすぎてダメや」

「それにしても、桃の缶詰は、なんであんなに安いんやろな。半切れが4つ入って140円ほどやったで。でもな、シロップが甘すぎるねん。あれは桃の味を消しとる」。「安いのは、痛んだ桃を使っているんちゃうか。わしは蜜豆が食いたい」。「ああ、いいなぁ、あの豆はたまらん」

これは稀少種なのか、それとも、ひろく潜在しているのだろうか。スイーツじじぃ。(2021.8.28)

【自民党総裁選】

マダム二人と高齢オヤジの会話。高齢オヤジが言う。「菅さんみとるとかわいそうになってな」。マダムが反論。「なんで、言ってることもやってることめちゃくちゃやん。いつも寝ているみたいやし、目が死んどるやん」。「あたしとしたら、顔から言ったら岸田さんやな」

別のマダムが話に加わる。「私は石破さんがええわぁ。話が分かりやすい。私直に見たことあるけど、身体も顔もごつい人やで」

高齢オヤジが反論。「あいつは話がねちねちしとるさかい、好かん。それに目は三白眼や」。「三白眼て何?」。「目に白身が三つあるこっちゃ」。推薦したマダムが言う。「たしかにオネェかもしれんなぁ」

かつてJ・ハーバマスは、コーヒーショップでの議論の中で、文芸的、政治的公共性が構築されていたと述べた。「公共性の構造転換」後の今日、サウナ室において公共性は、こうやって構築されている。

(2021.9.3)

【菜園の知恵】

高齢オヤジばかりだった。

「大根植えたか」。「ああ」。「でもまだ日中30度あるで」

「9月10日過ぎたら大丈夫や。黒マルチしとれば、気温が高くても、ええ」

別の高齢オヤジが言う。「ニンジンを一条植えにしたら、たくさん出てな」。「間引かなあかん」

高齢オヤジは手で、その間隔を示す。そして言う。「間引いた奴は植え替えてもダメや。欲しいという人がいてくれてやったけど、あかんかった」

わが家も家庭菜園をしている。この手の話は、本やYouTubeよりも格段に信頼度が高い。(2021.9.13)

【近所の良店】

マダムたちが話している。

「〇〇(地名)の餃子。テレビで紹介されとったやろ。そんで昨日見たら3年待ちだったけど今日見たら5年待ちって。しかも店頭受け取りはダメで宅配のみやって」

「ええっー。そんなん忘れる」。「そうや、忘れる頃に届くんや」

「うち、そのとき歯がないかもしれん」。「あたしなんか、死んどるかもしれん」(2021.9.15)

【嘘】

マダムが高齢オヤジに言った。「台風、大したことなくてよかったな」

「ああ、伊勢湾台風の時はすごかったで」。マダムが応える。「それ、いつの頃」。「あれは35年ぐらいやったかな。昭和な」(実際は昭和34年)。別の高齢オヤジが口をはさんだ。「まだ、みんな生まれてなかっ

たな」。「ああ、生まれてなかった」

　ぜーったい、嘘だと思った。(2021.9.18)

【鈍感力】

　マダムたちが、エアロビクスのレッスン中の事故について話している。

　「顔面から血が出てたで」。「どうしてああなったん」。「前のめりに倒れたんや。思っていたほど足があがってなかったんやろな」。「歳とるとな、つまずきやすくなるしな」。「ああ、ある、ある。でもな、他人を巻き込まなくてよかったな」。「そうやな。一人でケガするのはまだましや。あたしな、こないだ自転車で走っとって、向こうから来た人がこけて、あたってへんかったんやで、でもびっくりして、こけてもうてん」

　あるあるな話である。歳をとったら他人が転んでも動じない鈍感力が必要だと思った。(2021.9.21)

【オピニオン・リーダー】

　「あれ、ジェディ（仮名）、帰ったんかと思ったわ」。「スタジオ終わってな、いろいろ話があって、それを順番にしてな、それで遅れて、でも途中で切り上げてきたんや」

　ジェディと呼ばれたマダムは、おしゃべり好きのマダムで、筆者にとっては要注意人物のひとりである。今日、ジェディは、サウナ室でレッスン参加者の衣装について饒舌に語った。

　あの人のあのシャツは、どこのブランドだとか、それは似合っていたとか、似合っていなかったとか、あの人がつけていたマスクがいいので、ネットで注文したとか、それのどこがいいのかという話である。

　筆者は、大学生だったとき、カッツとラザースフェルトの「コミュニケーションの二段の流れ」仮説を学んだ。メディアの情報はダイレ

クトに視聴読者に影響しているのではなくて、それを媒介するオピニオン・リーダーがいる、という説である。しかし、それははるか昔の話。ネットがない、マスメディア全盛時代の話であった。でも、もしかしたら、この仮説は現代でも通用するのかもしれない。このサウナ室は、筆者に課題を突き付けている。(2021.9.22)

【どっちを選ぶ】

マダムと高齢オヤジが入り乱れての会話。

第1話。1万円の蟹と牛肉。

決着は簡単についた。「スーパーで売っている蟹はスカスカや。だしにしかならん」。「地元で、足が1本なくなった蟹を買うのが一番ええけどな」。「でもな、蟹は食べにくい」

皆が、口々に言う。「指がべちゃべちゃになるで」

「同じ1万円なら牛肉やな」

勝者は牛肉。

第2話。サンマとサバ。

話は、えんえんと続いた。

「昔は、七輪で焼いとったから、匂いであそこはサンマやな、と分かったもんや。くんたん、って知っとるか。もみ殻を燃やすんや。でも、最近は夜中に煙が出るし、この辺ではできなくなった」。「○○市（隣の市）の△△や宇間でも□□なら、今もやってはるけどな」

「サンマは、食べづらい。骨を取るのが面倒や」。「えっ。サンマは簡単やろ」。「それは、いいサンマや。解凍ものはあかん」。「サバもな、日本海産はダメや。ノルウェー産が、脂がのっとって、ええな」。「今年のサンマは痩せていてな。きのう○○（スーパー）で180円やったから買うたけど、細い細い」。「やっぱり、サバやで」

ノルウェー産サバの勝ち。(2021.9.27)

【若さと小室さん】

マダムたちは、今日も元気である。

話題①

「あのマシュマロヘヤーのダンスのうまい人おるやん」。「ああ、わかる、わかる。キレキレのダンスする人な」。「名前知らんかったから、○○さんに聞いてん。教えてもろたんやけどな、あん人若いんやで、と言うんや。いくつと言ったらな、72やて」。「○○さん80やからな、72でも若いんやろな」。「ふつう、ここで若いちゅうたら、65以下やろ」。「そうやな」

みんな頷いている。

そうか、俺は若かったのか……。

話題②

「小室さんの髪型どう思う」。「あたしの娘が、彼氏ですって連れてきたら、いややわぁ。日本の銀行員やったら、絶対ありえへん」。「でも、アパレル関係なら、いいんちゃう」

（この時、こんな髪型の大学の先生はよくいます、と思ったが、もちろん言わなかった）

「会見の時、丸坊主になってたら、うけるな」。「そりゃあ、うけるわな」。「あれな、ニューヨークの弁護士の間で流行っとる髪型らしいで」。「ええっ、そうなん!!!」

その時、決定的な意見が出た。「みんな、馬鹿にしたらあかん。あれは、きっと、いろいろ言われて悩んで円形脱毛症になったのを隠す髪型や」

その発想はなかった。(2021.9.29)

【理念と現実】

高齢オヤジたちの話。「白菜がレース状になってな」。「虫か」。「そう

や、今年は気温が高いからな。今年のサツマイモは出来が悪い気がする」。「でも、家で育てている野菜に農薬はかけたくないで」

その話を聞いていた、高齢マダムが言った。「そんなん言ったら、買うてる野菜は食べられへんで。大きくなる前に、農薬はかけるもんや」

もしかしたら、彼女は農家の人かもしれない。

かつて社会学者、ジンメルは男性文化に「当為」を女性文化に「存在」を指摘した。わかりやすく言えば、「あるべき」という理念を考えるのが男性文化、「ある」という現実を考えるのが女性文化だということである。

この会話、オヤジが理念を言ってマダムが現実を言ったともいえるけれども、しかし、食の安全性は、ジェンダーとして女性に振り分けられた課題である。マダムは理念を言うこともできたはずだ。筆者は悩む。彼女は、生産者として言ったのか、消費者として言ったのか。

現代社会において、個人はジェンダーや職業のみならず、複数の役割期待を統合しなければならない。それを解釈しなければならない社会学者も、今は、やっかいな状況にある。(2021.10.9)

【定年】

近くにあるゴルフ場で選手権が開催されたようで、それを見に行ったオヤジとか、ボランティアで参加した高齢オヤジとかが話している。

「球が、道でバウンドしてな、俺の頭を越していったんや」。「惜しかったな、当たっとったら、サインボールもらえたで」。「わしはボードのボランティアやったんやけどな、スマホで連絡が来るたびに、ボードを入れ替えるねん。大変やった。見返りは、土曜日は暖かったからお茶2本、寒かった日曜日はお茶1本やった。もう、ボランティアは今年で終わりやな」

そこにマダムがやってきた。「○○さんな、『うるさい』とまた、怒ってん」。「えっ。さっき水風呂に入っていた後にか」。「そうや、し

かもな、いつも静かに話している人や。ふたりは夫婦やで、そこで、『うるさい』って、いきなり怒り出したんや。あれはあかん。あんた、職場の先輩やろ、何とか言って」。「○○さん、いくつや」。「62やと思う」。「最近、ここにようおるな。仕事がないのかもしれん」。「職場か家庭で、うまくいかんことあるんちゃうやろか」。「そんな奴やないんやけどな」。「定年はいくつや」。「職人やからな、70やな」。「まだまだ大変やな」。話を聞いて、みんな暗い顔をした。

　その時、ゴルフのボランティアをしたという高齢オヤジが言った。

　「心配あらへん。その頃は、われわれも、このジムを定年や」

（2021.10.18）

【共同購入】

　マダムたちが話している。

　「チキンが買いたいな。でもあれかさばるし、悪いかな。でもクリスマス前には欲しいよなぁ」。「あたしは、オイコスのヨーグルトや」。「こないだのエビフライどうやった」。「美味しかったで」。「大きいの」。「そんなに大きくないけどな、ぷりぷりしてお弁当に入れるのにちょうどええねん」。「水餃子も美味しかったで」。「クッキーは失敗やったわ。こんなに大きくてな。24枚もはいってんねん。賞味期限もあるし職場にもっていって、みんなに食べてぇ、言うてん」。「こんどいつ行くの」。「ジェディ、10日とか言っとったで」

　マダムたちは、コストコで共同購入している。

　わが家は夫婦二人暮らしだから、量は大切なことではないし、だからそこで買いたいとは思わないが、聞くところによると、このスーパーは、会員制で大容量・格安販売を売りにしているらしい。共同購入のしくみを考えたのはジェディである。彼女は、このスーパーの会員で以前から買っていたようだが、ケース売りのような販売方式だから、冷凍庫や冷蔵庫がすぐいっぱいになってしまい、しかも、たくさ

んの種類も買えない。そこで彼女は考えた。仲間から、買ってきてもらいたいものを募る。ジェディは、それを買ってくるのだが、その見返りに、ジェディが買ったものの何分の一かをあてがわれる。買ってきてほしいと頼んだ人はそれを購入しなければならないのだが、気に入らなければ、同じようにジェディに頼んだ人同士で交換が行われる。それで「万事めでたし」になるというわけである。

　筆者が学部生だったころ、生活クラブ生協が注目された。後に早稲田大学の佐藤慶幸先生が研究をまとめたが、佐藤先生を生活クラブ生協につないだのは、筆者の恩師の越智昇先生だったと思う。その頃、生活クラブ生協は、グループ配送にこだわっていた。各戸に配送するのではなくて、地域でグループ（班）を作ってグループとして商品を受け取るというやり方である。多くの生協が店舗営業を始める中で、生協運動の原点を見直す主張であり、そこには、個人主義化と商業主義化にあらがって地域コミュニティを下支えするという意図があった。しかし、時代の流れに抗するのはたやすくはない。生協のグループ配送は、今でもあるにはあるが、少なくとも一般的ではないだろう。

　筆者は驚愕する。アメリカ資本主義の象徴ともいえるコストコが、まったく正反対の方法で、住民の間に共同購入のグループを自然発生させて、地域のコミュニティを活性化させている。これが、学部生の頃には想像できなかった、40年後の現実である。（2021.10.23）

【別居の三世代家族】

　コロナの影響でこのジムも経営が悪化している。マダムたちは、ジムの今後の存続を心配している。

　「ここがなくなったら困るわぁ。家から自転車で1分。歩いても3分の距離やねん」。「じゃあ、Gさんとこの近く」。「あたしGやけど、ああ、あの（同じ苗字の）Gさんな、わかる。親戚と違うけどな、近所の人や」。「Gさんと言えば、民生委員をやってはって、元気な人がおっ

たな。背は低いけど声がはっきりした、刺繍のサークルで一緒やった……」。「ああ、それは、たぶん、お義母さんや。お義母さんな、いろいろやってはってな。お華を生けるのもうまいんやけどな。ただ料理だけが下手やねん」。「まぁ、なんでもうまい人はおらんしな」

そこに別のマダムが入ってきた。

話題は地元で発行される3回目の「プレミアム付き商品券」についてである。「5000円払えば6000円分の買い物できるねん。めっちゃお得やで」。「それは、どうすればもらえるの」

「えっ、知らんの。市の広報にチラシが入っていたやん」。するとGさんが言った。「うちな、敷地内に2軒の家が建ってて、廊下はつながっているんやけど、光熱費は別で、互いに別の暮らししとるねん。でもな、広報はお爺さんお婆さんの家に届くんで、見られへんのや」。「ならな、商工会館へ行けばもらえると思うで」

地域社会や、家族、家庭生活のありさまが目に浮かぶ会話である。三世代家族と核家族の中間形態なのだろう。(2021.10.30)

【はだかの王様】

常連マダムが普段見ないマダムに話しかけている。

「前は、どこのジムに行ってはったん」。「○○です」。「じゃあ、もう長いの」。「いいえ、出産があってやめたり、再開したり、繰り返していましたから」。「なんで、このジムに来たん」。「職場が近いので、帰りに寄れると思って」。「お子さんいくつ」。「小6と小4です」。「ええっ、いくつなん。あたし48やけど」。聞かれたマダムは当惑した様子。筆者は彼女たちに挟まれた位置。前を向いている。彼女たちは筆者の体越しに手話で年齢を確認したらしい。「そうなんや。じゃあ、子育て真っ最中やな。うちは上は大学4年生で来年就職やし、下は大学1年やから、もう子育ては終わりや」。「いつが一番大変でしたか」。「そりゃあ、子どもが習い事をしているときや。送り迎えが大変やった」

マダムはこうして「新入り」を審査する。そしてそこで得られた情報を仲間内で共有する。こうすることで、マダムたちはサウナ室の意味世界を常に更新しているのだ。ただし、こうした意味世界の変更は、新参者が女性の場合に限る。はっきり言って、女性は女性に遠慮がないのだ。一方、男性である筆者は、これまでマダムから素性を問いただされたことは、一度どこに住んでいるのかと聞かれた限りで、ここまであからさまに言われたことはない。しかし、おそらく間接的なネットワークで、筆者の情報も収集されていると思う。

サウナ室で無言を貫き、空気になっているつもりの筆者は、じつは「はだかの王様」なのかもしれない。まぁ、サウナ室だから、文字通りなのだけど。(2021.11.2)

【猫を被る】

サウナ室には、時々ジムのオーナーもやってくる。オーナーは70歳をゆうに超えた女性で、堂々とした体格をしていて、いつも悠然としている。彼女は、プールで泳いだ後にやってくる。噂によるとサウナ室に貼ってある「黙サウナ しゃべらない」というポスターはオーナー自ら作成したという。そういうわけだから、彼女の周りでは誰も口をきかない。

今日は、そのオーナーがいた。静かである。そこに職員のO君が清掃に入ってきた。彼はサウナの床の雑巾がけをして、その後で風呂場の床に水を流している。

オーナーがサウナ室を出ていく。

するとマダムが待ってましたとばかりに口を開いた。「ねぇ、今の見た。O君、いつもあんなに丁寧に拭かへんのに。オーナーがいたからやで」。「あのてきぱきした仕事ぶり。いつもと全然ちゃうやん。オーナーがおるからって態度を変えるのはいややわぁ」

いや、オーナーの前で猫を被ってるのは、あんたも同じだろ、と

思った。（2021.11.8）

【科学的知と物語的知】

　マダムがサウナ室に入ってきた人の水着を見て言う。「あれ、それどうしたの」。「○○堂の特招会（会員特別招待会）やったん。知らなくて行ったんやけどな、買うてん」。「いくら」。「6000円」。「へぇ。あたしのこれな、1000円やで」。「どこで買うたん」。「ネットや」。「ネットと言ってもどこのサイトや」。「誘われて買うたさかいな、忘れた」

　そこで隣のマダムが発言した。「あたしはヨコはLLでいいんやけどな。それを買うとタケが長いんや。痩せればいいんやけどな」。「ネットでも安いのはSかLLばかりや。ちょうどいい安いのはあらへん」。「そやなあ」。「あたし、医者に、もう少し痩せましょうねと言われているんや」

　不思議である。マダムたちは、水着を安く買うことと自分の体形という話題を同時並行的に話題にしているのだが、そこにはまったく何の違和感もなく、この空間においてふたつの話題が共存している。

　社会学者である筆者は思う。やはり、J.F.リオタールが、コミュニケーション的行為について、妥当性要求を掲げるものだとしたJ.ハーバマスを批判するかのように「科学的知」とは別の「物語的知」があることを主張したのは、正しかった。（2021.11.15）

【孫の力】

　マダムたちの会話。

　「あたし、水しか飲まんのに体重が増えるねん」。「???」。「あんな、こないだ、風邪で寝込んで、食欲なくてな、水と薬しか飲まなかったのに体重が増えてん」

　「ええっ、どういうこと。でもインフルエンザの予防接種してはった」。「あたしな、娘が22歳の頃や、インフルエンザにかかって看病し

た時、お医者さんに『うつりますよ』と言われたけどな、大丈夫やってん。だからずっと予防接種したことないねん」。「じゃあ打ってないの」。「やったわ。孫ができてからはな、変わった」

　それを聞いていた高齢オヤジが言った。「うちの孫な。近所にアメリカに住んどった人がいるねん。そん人がな、ただで教えてあげるよ、と言ってくれはって、そんで習ったらな、学校でトップクラスや」

　孫という存在は、それまでの人間の生き方を変え、まったく関係ない話の文脈に介入してもいいくらいの、自慢の種にもなるらしい。

（2021.11.27）

【嫁は呼び捨て】

　いつもArenaの水着を着ている常連のＡさんがマダムに愚痴っている。「ツレがな、友達がくるから出ていけ言うねん。こないだなんか、朝9時半に来よるねん。わしが仕事辞めたら変わったな。昔はそうじゃなかった。今はな、わし食べ終わったら食器も運ぶ。夫婦というより共同生活やな。まぁ、息子夫婦見ても、そういう時代なんやな」。マダムが答える。「奥さんは働いてはったん」

　「いや、専業主婦や」。「今の若い人は、あたしらの頃とは違うな。あたしらの時には、まだ女が家事をするもんやという感じやった」。「ツレがな、息子の嫁を〇〇さんって呼びよるんや」。「それの、なにが問題なの」。「わしは好かん。あんたなんて呼ばれとる」。「△△ちゃん」

　それを横で聞いていた別のマダムが口をはさんだ。「あたしなんか、呼び捨てやで」

　Ａさんが言う。「それがええな」。マダムが反論。「それって、ひどくない。うちの嫁って感じやし」

　すると呼び捨てされているというマダムが答えた。「ええの、無視しとるから」（2021.12.4）

【まぁ、御上手】

入ると高齢オヤジと高齢マダムが仲良く話していた。

話題は、あそこは昔○○やったとか、あの道はいつできるんやろうとか、筆者にはよくわからない話だった。ふたりは、ほぼ同時に出て行った。

去り際に高齢マダムが言った。「次は美人が来るさかいな、待っといてや」。仲間外れにしたかと、気にしてくれていたらしい。

しばらくして、別の高齢マダムが入室した。「空いとるな、ひとり?」。「さっきまで二人いましたけど、次は美人が来ると言われました」。筆者が答えると、彼女は「まぁ、御上手」と言って、ほほ笑んだ。

その言葉に筆者は感動した。「まぁ、御上手」という言葉を久方ぶりに聞いたからである。

これは、普段筆者が教えている女子大学生には、ぜったい言えない言葉である。年季を経た女性だけが言える言葉と言うか、もしかしたら昭和を知る女性にしか言えない言葉かもしれない。昔の映画のなかにいる気分と言ったら、言い過ぎだろうか。(2021.12.6)

【お年玉】

マダムと高齢オヤジの会話。

「お年玉って、就職した子にあげたらあかんの」。「そりゃ、そうやろ」。「息子は、いま大学4年生で来年東京に就職するねん。帰ってきたらあげたいわぁ」

それを聞いていた筆者は、思い返す。「お年玉」と言うのは、大人が子どもにあげるもの。昔は、正月に祖父母の家に親戚一同が集ったから、親ばかりでなく親戚のおじさんおばさんにもらったと懐かしく思いだした。しかし、それはたしか、中学生までだった。

あげる側になった今は思う。たぶん大人の世界では、甥っ子姪っ子たちにいつまで出すのか合議があったに違いない。時代は変わった。

親として思い返す。我が家は正月に実家に帰る習慣はないし、子たちには従妹はいない。だから「お年玉」は、親が子に恵むものでしかなかった。たしか成人した二十歳で「お年玉」は卒業だった。

そして思った。おおっ、今は、大学生に「お年玉」をあげるのか!!!

筆者は社会学者として、今どきのお年玉事情を知って満足した。しかし、その後にマダムが言ったことは想定外だった。「あんな。あたし、まだ親から『お年玉』もらってるんやけど」(2021.12.20)

【バナナ】

ジェディが入って来た。彼女は、おしゃべりでかつコストコ購入を仕切るコミュニティ・リーダーである。今日は面白い話を聞けるかもしれない。筆者の期待は高まる。さっそく彼女は、マダムたちの間でコストコの商品について吟味を始めた。「鳥のむね肉は安いと違う」。「いやスーパーの方がいいな」。「○○（スーパー）の京赤鶏はいいで」

その場にはCさんというオヤジがいた。「Cさん、バナナはどうやろ。みんなうまいと言ってるんやけどな」。Cさんは答える。「うまいで。バナナケースという昔流行ったやつあるやろ、でかいからパンパンや。それに入れておくと皮が黒くなって、中身は甘くなりよる」

「そうか」。するとCさんは思いがけないことを言った。「わし、今持って来とるんや。食べるか」

その発言をきっかけにして、場が盛り上がった。「風呂のゴミ箱にバナナの皮があったら問題やで」。「風呂でバナナを食べないでくださいと貼り紙ができるな」。「いや、風呂では飲食を禁止とは書いてない。いいんちゃうか」。「ばれたら、どうしょう」。「わし、あいつやって、言うわ」。「でも、しらばっくれたらわからへんで」。「いや、外で食べてな、皮がペットボトルを入れてきた袋にあったさかい捨てたと言ったら、いいんちゃう」。みな、いかに施設側をごまかすか、話し合っている。

筆者は、ひそかに笑って聞いていた。その時は冗談の話だと思っていた。くだんのＣさんとジェディが、サウナの外の風呂場で美味しそうに、バナナを食べている姿を見るまでは。(2021.12.27)

【正月太り】

新年最初のサウナ室。

マダムたちが話している。「正月、太ったなぁ」。「あたし、体重計に怖くて乗られへん」

するとスリムなマダムが言った。「あたしも、１キロ太ったわ」。「どこに入ったん」。「ここや」。彼女はぺしゃんこのお腹をさすっている。

その時、太めの高齢オヤジがサウナを出ようと立ち上がった。すかさずマダムが言う。「腹に鏡さん乗っとるで」。高齢オヤジは、彼女を見て、ニコっと笑って言った。「３キロの鏡餅や」

筆者は、似たようなシーンをどこかで見たような気がした。これは、筆者には、とてもできない会話である。筆者の感覚では、他人に対して、身体の美醜で「笑い」を取ろうというのは失礼ではないか…と思う。分かった。これは、吉本新喜劇である。(2022.1.4)

【サッカーくじ】

サッカーくじ「MEGA BIG」の１等の当せん金・12億円が未払いになっていることについて、高齢オヤジたちが話している。「12億円も手に入ったら、どう使おう」。「そんな大金入ったら、人生狂ってしまうで」。「わし、もう狂っても、ええわ」。「ベンツとか、BMWとか、ベントレーとかの車を買ったらどうや」。「わしは、車よりもバイクやな。もう２台欲しい」

そこにマダムが口をはさんだ。「このジムの料金を10年間前払いしたらどうや」

すると、そのオヤジは言った。「よっしゃ。女性は半額にしたる!!!」

12億円にしたら、せこい話だと思った。(2022.1.15)

【女々格差】

　初めて見るネイルと足爪のマニュキュアをしているマダムである。みんな、それをほめそやす。彼女から3週間に一度、5000円でやってもらっているという話を聞く。筆者は、いつものように、サウナ室で空気になっているけど、なんでそんな金を払うのかと、呆れるばかり。ひとしきり、その話題で弾んだのち、マダムの一人から、「そう言えば、あの先生、最近マニュキュアしてへんなぁ」との発言。「食事にかかわる仕事してはるからな」。それが、きっかけだった。話題は、ヨガの講師のことに移った。

　「あの人、細いなぁ」。「下の子が成人式と言ってはったで」。「ええ、まだ30代か40そこそこやろ」。「18か19の子ちゃう」。「シングルマザーやで」。「結婚してはらへんの」。「むかししてはったんちゃう」。「○○（隣の市）のレストランで働いてるんやて」。「どこ」。「△△ホテルの裏のスーパーの2階のイタリアンレストラン」。「そこ、おいしいの」。「ランチのバイキングに行ったんやけどな、種類がいま一つやった。味は、まぁまぁ」

　筆者は、顔も知らないヨガ講師の家庭環境から、某レストランの評価まで知ることになった。恐るべし、マダム情報である。しかし、話はそこで終わらなかった。夕食時に、連れ合いにこの話をすると、彼女も情報を持っていた。話を聴く。そして全てを理解した。そして昔、連れ合いが言っていたことの意味が腑に落ちたのである。「私が行かなくて、人数が確保できなければ、先生がクビになってしまう。だから、行くの」

　あれは、女たちの助け合いだったのか、とあらためて理解した。ああ、それにしても、これは、まさに女々格差である。(2022.1.17)

【ハンバーガー】

孫が濃厚接触者になって、隔離ホテルに滞在しているという高齢オヤジが話している。

「外に行かれへんからな、わしがやっとるワタミに頼んで食事を届けさせている。でもな、昨日ハンバーガーが食いたいというからな、マクドナルドに買いに行ったんや」。「いろいろあってな、どれ買うていいかわからん。携帯で孫に聞いてな、なんとか買うた。パンが挟んでないのも売っとるんやな」

マダムは言った。「それはナゲットやな」。「そうそう、それや。それでな、せっかくやさかい。自分にも一つ買おうと思ってな。一番の定番商品はどれですかって聞いたんや。そしたらな、それ100円と言うんや」。「わし、本当に100円でいいんですか、って聞いてもうたがな」。マダムが尋ねる。「美味しかった?」

高齢オヤジが答える。「間に何が入っているのかわからへん。昔な『佐世保バーガー』というのを食ったんや。こんなに厚みがあってな、どうやって食べるんですかと言ったら、上下に押しつぶしてください、と言いよるんや。それとは違うな」

ああ、日本の歴史である。(2022.1.21)

【援助交際】

眞子さんの話題。

マダムが言う。「借金もあるし、生活は大変やと思うわ」。「でも、佳子さんの方が、かわいいな」。「そうやな」。「親は、長女のようにはさせたくないと思うやろな」。ここまでは、マダムたちの会話だった。

高齢オヤジが、そこに突然、口をはさんだ。「あの、母親。援助交際やで」。サウナにいた、すべての人がうなずいた。(2021.1.24)

【運転免許証の更新】

高齢オヤジたちが話している。「昨日、帰ったらな接種券来とったわ」。「わしも、来とった」。「それがな、運転免許の更新と重なっててな、日を変えてもろうた」。「免許の更新、今度からタブレットになるらしいな」。「そうや。タブレットを使えない奴は更新するな、ちゅうことやな」。「認知症検査あるやろ、どんな検査するん」。「時計を見させてな、それをしまうねん。そして、何時何分だったか答えるんや」。「わしん時はもっと難しかったで。針のない時計の絵があってな、言われた時刻の針を書き込むんや。それが10時50分とか、ややこしい時刻を言うんや」

どこかの大学入試試験とは違って、問題の外部流出によるカンニングの心配はないと思った。(2022.1.29)

【マダムの行動様式①】

マダムたちの会話。「ダーリンな。さっきペットボトルの水でうがいして4回もぺっと吐き出してん」。「えぇ〜、あかんやん。コロナにかかってたら感染するで」。「どこで」。「ベンチがあるやろ、それと荷物棚のあいだ。あたし棚の荷物移したわ」。「そんでな。O君(職員)に水流してと頼んだんやけどな。誰ですか、と言ってやらへんのや」。「いややなぁ」。「後でやるつもりかな」。「いややなぁ」

マダムは、マナーが悪い人がいても直接注意することは決してしない。そんなに気になるのなら、自分で水を流せばいいと思うのだが、それもしない。その後の対応は、職員に任せる。そしてサウナ室に入って、マダム同士で悪口を楽しむのである。いつもの安定したマダムの行動様式である。(2022.2.4)

【マダムの行動様式②】

先日、ペットボトルの水を吐き出していたダーリンと、それに不満

を言っていたマダムとが一緒になった。ダーリンは饒舌である。「わし
な、さっきプールで、今日、太ったと2人に言われたんや。たしかに3
〜4キロ太ったんけどな。ようわかるな」

　マダムが答える。「そんなに、太ったようには見えへんで。いつも、
見ているからかな」

　「わしな、ご飯が残っていてもな、冷凍するのが面倒やさかい、食う
てしまうんや」

　「そりゃ、そうやな。食うわな。でも、歳とっても食欲がある方がい
いで」

　「ああ、わしは、飯も酒も美味しいねん。○○堂（スーパー）のおや
つには詳しいで」

　「おやつも食べるんや。すごいなぁ」。ダーリンは、ご機嫌でサウナ
室を退出した。

　恐るべし、マダム。（2022.2.7）

【男子の洗濯】

　常連オヤジのＡさんとマダムの会話。Ａさんが言う。「髪切ったか」。
マダムが答える。「いつやったかなぁ、忘れてもうた」。「いや、気づか
な、あかんというからな」。「そんなん、奥さんだけでええ」。するとも
う一人の高齢オヤジが言った。「こん人は、奥さんには言わへん」。「そ
うや、うちは嫁と同居生活やさかいな」

　そうだった。このＡさんは、以前定年後に嫁の態度が変わったと嘆
いていた。「嫁な、洗濯はしてくれるね。でもな、カゴがぽんとおいて
あるんや。自分で干せということや。あんたんとこ、どうしてる」。す
るとマダムが言った。「うちの旦那は、外に干すのは世間体が悪いって
やらへん。でも、室内ならやってくれはる」

　筆者は、今から20年くらい前に放送大学で「ジェンダー論」を講義
した。その際、洗濯物を干しているところにガスメーター検針員の女

性が来て、「お手伝いですか」と話しかけられたというエピソードを使った。筆者にとっては普段の仕事なのに、なぜ「お手伝い」になるのかという問いかけである。世の中、20年経ってもあまり変わっていないのかもしれない。(2022.2.14)

【近くて遠い】

いつもは遠赤外線サウナでの話なのだけど、今日はミストサウナでのこと。サウナに入ると高齢マダムがいる。彼女は我が家のご近所。筆者の正体を知っている数少ない人の一人である。さいわい、ほかに人がいなかったので、気兼ねなく話した。来年度の自治会役員になったこと、筆者の班の人が会議に出てこなかったので、部長に割り当てられたこと、来年度は自治会50周年事業をしなければならないこと、近所に火葬場が建設される問題等……。彼女は言った。「うちの隣のお婆さん、姿が見えないのでどうしたんやろ、と思ってたんやけどな。亡くなったんやて。風呂場で」。「急に寒いところに行くとなるヒートショックですか」。「それや、それ」。「去年の11月。私も知らんかった」。「私も、もう80越えてるさかいな。気を付けなあかんな。早川さんも気を付けや」。「はぁ～」

彼女は「最近は隣近所がどうなっているのかわからない」と言っていた。確かにその通りである。隣は何する人ぞ、というのはマンションに限らない。一戸建ての住宅地でも、子どもが巣立つと隣近所のコミュニケーションの機会が激減する。

今日は、1キロ先のサウナで50メートル先の情報を手に入れた。

(2022.2.19)

【同じ話】

あああ、またこの話か。俺は、もっと面白い話を聞いて、SNSに投稿したいのだけど……。

Ａさんの、この同じ話を聞くのは３回目。

　家の門塀にあるインターフォンが故障して、自分で付け替えたという話である。家が30年以上のものであること、従前のインターフォンが低い位置にあって不都合だったこと、それを付け替えるのにレンガを穿ったりして大変だったこと、でも、苦労したものの、そうやっているときは楽しかった、というオチ……彼は毎回違うマダムに対して、自分の思いを話すのだけど、偶然にもその度その場にいる筆者としては、いい加減にせぇょ、としか思えない。

　しかし、筆者は思い直した。このＡさんは、誰かに自分の生存、生きていることの意味を承認してもらいたいのだ。そして、もしかしたら、マダムたちは、そういう高齢オヤジの聞き役ボランティアをしているのかもしれないと思った。(2022.2.23)

【マダム、注意される】

　「一昨日のことや、20代の女の子がな、入って来た職員さんに、うるさいから注意してくださいと言ったんや。あたしらな、○○さんと、△△さんと三人で話していてん。よう、言うわな。あたしら、ここ25年通ってるんやで」。「そんで、○○さんな、声そんなに大きかったですか、言ったんやけどな。彼女は、告げ口されたこと知らんかったんや。だからな、職員さんは『もうちょっとトーンを落として』と言ってはったわ」。「でもな、その子、足を延ばして座っていてな、前にいた□□さんが迷惑しとったわ。あたしなぁ、自分だけ、いいというのはおかしいと思ったわ」。それを聞いていたオヤジが同情して言った。「今の子は、ハッキリ言うわな」

　この話を、夕食時に連れ合いに話した。彼女は言った。その女の子、25年たったら逆の立場になるよね。筆者も、そうだと思った。

(2022.2.25)

【白衣の天使】

　サウナ室に入ると男ばかり8人だった。高齢オヤジたちの会話。「このあと、どうする」。「そうやなぁ…。う〜ん」。「酒でも飲むか」。「これから飲んで、寝てもうたら、明るいうちに起きるしな、夜中に眠れへんようになるで」。「そりゃそうやな」。「テレビでも観るかな。撮りためたのがあるさかいな」。そこに、マダムが入って来た。皆が歓迎した。マダムが言う。「同年齢の男（ひと）なら退くがな、皆さんなら気にせんでいい」。この発言は、高齢オヤジのなかで最年少の筆者としては心に突き刺さった。（それはともかく）オヤジたちは話を続ける。「テレビって、何を観るんや」。「白衣の天使、や」。「そんなドラマやってたかぁ……」。オヤジたちは首をひねる。マダムが言った。「ドクター・ホワイトやな」。そのオヤジは言う。「それやそれ、浜辺美波かわいいなぁ、あれならどんな男でも落ちるで」

　彼が「天使」と記憶した理由が分かった。（2022.2.28）

【自重すること】

　この時期、主夫である筆者は、月曜日は、夕方に来る生協の商品受け取りのために在宅しなければならない。だから早く行って早く帰る。その結果、いつもジムに来る、おしゃべりな常連ではなく、静かな高齢オヤジと高齢マダムの会話に付き合っている。

　「久しぶりやな」。「久しぶりですねぇ」高齢マダムは、深々と腰を折ってお辞儀をする。そして、あまり長居することもなく、出て行った。すると、少し若いマダムが入って来た。

　こんどは、マダムの方から挨拶した。「お元気そうですね」。「ああ、でも筋トレもすればいいんやけどな、面倒くそうて、プールだけや。だいたい、靴を履くのは面倒やし、靴を履くためには靴下を履かなあかんのも面倒や」。「現役のころから、ジムに通っていたんですか」。「東京に単身赴任しててな。最初は丸の内、次が有明やった。有

明に移った時からかな」。「東京は長かったんですか」。「16年や」。「ご家族と一緒に行くことは考えなかったんですか」。「あんたぐらいの娘がおってな」。「子どもが小学生になると動くのは大変ですよね。でもお元気そうでいいですね」。「ああ、なんとかやっとる」

　筆者は、父の転勤にともなって、子ども時代に小学校を3校、中学校を3校経験した。その父は仕事と酒とタバコと麻雀、スキー、釣りの道楽に精を出したあげくに、筆者が大学生の頃に病死した。だから「靴下履くのが面倒だからやめる」、これは名言だと思った。(2022.3.7)

【さすがのジェディ】

　「スタジオでな、私ら小さな声で話していてん。ジェディは、それは15秒ほどだと言うんや。そん時な、あのピーナッツ、派手なパンツ履いたひとや。独り言でこれみよがしに「うるさいなぁ」と叫んだんや。ジェディな、それは私らのことやなくて、普通の声で話していた人たちが、そばにいはって、1分30秒ほど話していたというねん。それは分かったんやけどな。でもな、ジェディ。今度あったなら、言ってやろうと思っていたんやて。そういうこともあるわな。そんでな、ジェディ。これみよがしに、大きな声で言ったんや。『小さい男やなぁ!!!』」

　筆者が、その場に居合わせなかったのは、とても残念である。

(2022.3.12)

【場所と役割】

　「今日はピョンピョンあったな」。「あたし、前回、先生に言ったからやな」

　「でも、先生、今日怖い顔してたな」。「そうや、たった45分のことや。もっとにこやかに、愛想よくしな、あかんな」

　スタジオで、マダムは生徒であるが、サウナ室では、マダムは先生

である。（2022.3.16）

【私は空気】

マダムたちが話している。

「こないだな。ドコモのケータイの手続きに夫と言ったんやけどな、そこにいた若い子がな、韓国の俳優さんみたいでな、見惚れてしもうて、マスクをとったらどんな顔かと思ってな、じっと見てしもうた」。「プールにな、こんな（手で体を示す）人がおってな、めちゃくちゃかっこいいんねん」。「逆三角形ということ」。「そうや」。「こないだな、その人かもしれんけど、サウナ室で、正座している若い人がいてな。剣道ですか、と聞いたらな『はいっ！』て。かっこよかったわぁ」。「あたし知らん」。「あんた、プールが縄張りやろ。なんで知らんの。あかんやん」

この話を空気になって聞いている筆者は、やはり自分は、空気なのだと思った。（2022.3.19）

【やってはいけない】

私は一番下のところに座っていた。そこから直角の位置、2段目の隅っこで三角座りをしているマダムがいた。「すごいなぁ」。あんた、できる。あたしは膝が悪いからできひん。あたしもや、膝が悪いさかいな。マダムたちの話を聞いて、同じく膝を痛めている私は、歳を取るとみんな、そうなんだと安堵した。しかし、その後のことである。「ここに座って背中を壁に付けて、脚を台座から出さないことできる」。最上段のマダムが言う。「ええよ」。彼女は移動する。

彼女は、筆者の当初対面にいたのだけど、今や横上にいる。彼女は、座って両脚をもって自分の方に引き付ける。いやっ、ちょっと待ってくれ!!!

サウナ室でアダルトビデオのシーンは見たくない。（2022.3.23）

【孫の面倒】

高齢マダムの会話である。

「子育てが長いからなぁ、外に出たいというのは分かるねん。でもな、仕事が週2日だと保育園で預かってくれる基準やないそうなんや。でもな、お母さん、この曜日はお願いしますと言われてもな、あたしは責任もてへん。どうしても、という時にはいいんやで。でも、いつもと言われてもなぁ」。「あたしも大変やった。今、中学生の孫が小さい頃や。保育園の送り迎えでな。今でも、毎日毎日、自分ようやったと思うわ」

自民党の三世代子育て政策は間違っていると思った。(2022.4.16)

【雨樋の修理①】

「ねぇ、教えて。あたしんちな、雨樋が詰まって変なところから水が落ちるんや。そんでな、どうしたら、いいんかと思ってな」。「それは、タテの樋かヨコの樋が詰まってるな」。「うち、隣が竹林やさかいな」。「見てもらった方がええで」。「私もそう思ってん。そんでな、ネットで探して『雨樋屋』という業者に来週来てもらうことにしたんや。大阪の業者なんや。でも不安でな」。「なんで、家を買った不動産屋に相談しなかったの」。「あそこは、ダメや。補助金の申請を忘れてな、もらえる10万円をもらわれへんかった。あたしたちも26やったからな、そんときは気づかへんかった。後で、言ったんやけどな、担当者が辞めていてダメやった」。「家は、パナホームやけどな、あそこは、住宅メーカーと施工業者が別やからな、メーカーにも相談できひん」

マダムもオヤジも皆が口をそろえる。「ええか、業者はドローンで見るかもしれんけどな。雨樋を直すためには、足場を組まないけません。それで何万円もかかります。外壁も屋根も傷んでいます。ついでに補修をしませんかって、絶対言われるで。そこで即答したらダメやで。よく考えないとあかん」

マダムは力強くうなずいた。私は見ていた。しばらくして助言者たちが去ったのち、彼女は、サウナを出るとき、「がんばれ、私」と脇を絞め腕を振ったのを。

しかし、この一部始終を聞いていた私には、疑問があふれた。① 26歳でパナホームの家がどうして建てられるのか、② 家の補修について、彼女ひとりがそこまで責任を負わねばならないのか。ここには、わが家とは全く違う家族の形態がありそうである。そして、そういう彼女を支える、このサウナ室の社会関係資本について、これまでの社会学は、しっかりと見てきたのだろうかと思った。(2022.4.16)

【雨樋の修理②】

最初はマダム同士の会話。「雨樋見てもらったんやけどな、どうもなかったんや」。「えっ、どうやって調べたん」。「長い棒の先にカメラをつけてな、それで撮影するんやけどな、横の樋も縦の樋も問題ないんや」。「どういうこと」。「業者さんが言うにはな、屋根のカラーベストが1枚割れていてな、それが原因やないかと言うんや。そんで、それを直す見積もりをとることにした」

このマダムの話を三人のオヤジが聞いている。オヤジAが言う。「家を建てて、何年や」。「あたしが26の時やからもう30年。建てて10年目で塗り直しをしたけど」（えっ、あなた56歳だったの……てっきり40代だと……というのは私の心の声）。「20年やな。それじゃあな、1枚のカラーベストを直しても、いずれ全体的に直さなあかんようになる。それだけ直すかどうか考えた方がいいで」

オヤジBが言う。「御主人はどう言ってるんや」。（私も、それを聞きたかった……というのは私の心の声）。「それがぜんぜん頼りにならんの。口で言ってもうわの空やからな、ラインで相談したんや。そしたら『ぼったくりに気を付けろ』と返された」

オヤジCが言う。「直すにしろ、相見積もりを取った方がええよ」。

「でもな、いつも排水管のつまりを直してくれている地元の業者にも相談したんやけどな、専門外やから、値段ではたぶん高くなると言われたんや」。「どこに住んどるの。〇〇市（宇間市の隣）」。「じゃあ、イオンタウンあるわな。あそこにリフォーム会社入っているやろ、イオンの関連会社やし間違いないで」。「えっ、リフォーム会社で屋根の修理頼めるの」。「そりゃあ、関連しとるさかいな」。「でも相見積もりとると言ったら、最初の業者に嫌な顔をされるんちゃうかなぁ」

オヤジABCが口をそろえる。「主人に相談したら、相見積もりを取れと言われたと言えばいい。あたしは、お宅に頼みたかったという顔をしとき。そうしたら、なんも問題あらへん」

この会話を聞いていた周りのマダムたちは良かったなぁ、という。当該マダムは、立ち上がって、助かったわぁ。ありがとうございました、とオヤジたちに頭を下げた。マダムにとって持つべきものは、ボーイ・フレンドではなくてオヤジ・フレンドである。（2022.4.23）

【電池回収】

「あたし自治会の環境委員になって初めて知ったんやけどな。ボタン電池とコイン電池の違い、知っとった。コイン電池はな、宇間市が回収してくれるけどな、ボタン電池はダメなんや」。「それな。回収の時に、ボタン電池だけ残されていたり、全部持って行ってくれたり、いろいろあってな。ようわからん」。「ボタン電池は、〇〇マート（スーパー）でも回収してるんや」。「どこで?」。「サービスカウンターのところや」。「そうか、知らんかったわ」

行政の広聴活動とは、こういう声を聞き取ることではないのか。行政職員に、サウナ室に来てほしいと思った。（2022.4.27）

【ジョーカー】

サウナ室に入って座ると左側に話好きのマダムとオヤジたちが座っ

ている。あれっ、おかしい。誰も話さない。反対側を見て納得した。ジョーカーのオヤジがいたのである。このオヤジ、サウナで人がおしゃべりしているのをひどく嫌う。ただし口には出さない。咳ばらいをして、自分は迷惑だとメッセージを送るのである。

　じつはこの話。M.ウエーバーが言った行動と行為の違いの事例として、ただの咳払いではなくて、目的や動機を含んだ意味ある行動が「行為」なのだと、よく学生たちに説明している。サウナ室の面々は、彼の行為の、その意味を理解しているので彼がいるときは沈黙している。

　しかし、社会学者として観察していると、反面教師のような、悪の潜在的機能というのはたしかにあって、ジョーカーがいてくれると、彼らが出ていったあとのサウナ室はとても盛り上がる。いわば、塩を加えると甘みが増すような話である。だから筆者は、そういう人がいてもよいと思う。

　じつはサウナ室には、こういうジョーカーが知っている限りで4人いる。最強は、何といってもオーナーの高齢マダムである。あとの三人は今日のオヤジともう二人のオヤジ。私は知っている。ミストサウナでそのジョーカーのうち二人のオヤジと一緒になった時である。彼らは、マダムたちがいかにうるさいのか、誰がおしゃべり悪人なのか、「黙サウナ」の掟を蹂躙しているのかを声高々に論じていた。その時私は、「今は、どうなんですか」と言いたい衝動をじっと我慢していた。

(2022.5.9)

【生活世界】

　高齢オヤジが話している。「知り合いがな、急に血糖値が上がってな、調べてもらっているんやがな、ようわからへんからな。いまは、とりあえず、インシュリンの注射をしているそうや」。「それな、べつに問題があるかも知れへんで。怖いのは膵臓や。『沈黙の臓器』やさかい

な」。「膵臓がんになってな、助かった人を知っている。そん人の場合
な、十二指腸の先の膵臓をつなぐところに癌があったんや、それで見つ
けられた。膵臓は、自覚症状がでたら終わりや。だから怖いな」。「医
者もな、根本の原因を探していてな。まだよくわからへんらしいんや」

　この話、医者の言明が万全のものではないことを示唆している。医
者が言った言葉をめぐって、素人の人びとが様々に論じる。そして、
一定の理解に達して納得する。医者の言明は「科学的知」である。し
かし、それを腑に落ちたものにするのは、素人同士の会話であって、
それは日々構築されている。「科学的知」は、生活世界に下支えされて
いるとも言える。(2022.5.14)

【誤解】

　○○（宇間市の隣市）の△△ホテルにあったコナミ。撤退した後、今
度□□ジムに変わるんやてな。その話に、ジェディが食いついてきた。
　「これ、私の妄想やからな。妄想やで。こないだなＴさん（ジムの重
役）と知らない人が話していたんや。声が聞こえてきてな。『今の会
員全員を引き受けてほしい』と言ってたんや。これ妄想やで。もしか
したら、このジム、身売りされるかもしれんな」。「ええっ、でもオー
ナーも歳やしな。コロナで赤字と言うしな。ありえるな」。「経営が替
わるのはいいけど、いったん閉じてあらためて入会金を払うのはいや
やなぁ」。「全員引き受けてほしい、というのはそういうことちゃう」。
「あのな、これ妄想やから。誰が言っとると問題になるで」

　さて、この話。噂の真相はいかに……。(2022.5.16)

　※しばらくしてジムのトレーニングマシンが総入れ替えになった。
　　ジェディは、「今の器具全部」を引き受けてほしい、と言ったのを
　　聞き間違えたのかもしれない。

【盗撮】

モモリンが言う。「最近、盗撮事件多くない。なんでスカートの中を見たいのかなぁ」

オヤジが答える。「わしも、わからん。あれは社会的地位に関係しよらんしな。あんなん捕まったら、万引きよりも恥ずかしいで。万引きなら、魔がさしたと言い訳できるけどな」

「パンツがそんなに見たいんかな。お金出せば見せてくれるところもあるのに」。「あれは、スリルがたまらんのやろな。女の子がキャー言うかもしれんというな」

それを聞いていたジェディが口をはさんだ。「そうか。じゃあ、はいどうぞ、見せればいいんやな」。彼女はスカートのすそをまくるしぐさをした。

私は思った。ジェディ、申し訳ないが、それができる女性は盗撮犯の対象にはならない。(2022.5.26)

【自分に優しく他人に厳しい】

サウナ室は、スノコでできた3段の階段になっている。その2段目の一部が腐ってきていて、足で押すとへこむというか、しなるのはだいぶ前からみんな知っていることである。今日は、それをめぐっての会話である。

「昨日な、ここにバッテンが書いてあったんや。それが無くなってん」。「どういうこと」

「修理すべきか調べたんやけど大丈夫ということやないかなぁ」。「これ、大丈夫なんかぁ」マダムは足で押している。すると別のマダムが言った。「今日は体重の軽い人ばかりやから大丈夫、ということかな」。一同、その言葉に満足したようだった。

メンバーが入れ替わった。さきほどいたマダムが話す。「ここにな、

昨日、バッテンが書いてあったんやて」。「どういうこと」。「修理する
か調べたんとちゃう」。「あとで職員さんに聞いてみようか」。「O君に
聞いたらダメやで。あいつはいい加減やさかいな。なんの確認もせず
に『大丈夫です』と言いよるで」。「ほんと、あの人はいい加減や。あ
れほど頼りにならんのも珍しいで。そのくせ、自分の好きな話は長々
とするねん」。「何が好きなん」。「スキーや。板の短いやつな」。そして、
その後ひとしきりO君への悪口が続いた。

　最後に高齢マダムが言った。「あの子、小さいときはかわいかったん
やで、下に二人の妹がおってな、お父さんがよく北海道にスキーに連
れて行ってはったわ。あたし、ここに来て、あの子がこうなったんか
いな、とびっくりしたわ」

　地元で就職するとマダムの餌食になりやすい。(2022.6.1)

【最後の百姓】

　「そろそろ中干しせんとな。筋切りの機械もってはる」。「そんなのな
いわ。あんなの農機具メーカーが売るためのもんや」。「そうやね、あ
れ何でいるのか、わしもわからん」。「田んぼの水道を作るためやろな、
でもそんなものは足で歩いておったらできるしな」。「いつ植えたん」。
「8日。5月8日や」。「わしとだいたい同じやな。コンバイン持っては
る」。「もってない。わしは、もう農協に頼んでいる。でも田植え機
はもってるで」。「4条の乗用か」。「そうや、もう20年使っている。毎
年、使うのが年に4〜5時間やさかいな、コンバインもそうやけどな」。
「わしもそうや、持っているのは、みんな中古。友達に頼べばな、いら
なくなったらくれよる。困らんわ」。「そうやろな、息子は、百姓しよ
らへんやろしな。わしの代で終わりや」

　今の農業の現状である。(2022.6.6)

【ボケ防止の町内会】

　高齢オヤジが言う。「久しぶりやな」。マダムが答える。「そんなこと
ないで、土曜日に会ったやん」。「そうやったな。だんだんボケてきて
る。曜日が分からんようになってん」。「あたしもな、日にちが分から
んようになる。子どもが小さいときにはな、給食のメニューとか、提
出物の締め切りとかあって、いつもカレンダー見ていたけどな、今は
みんな家から出たさかいな、わからへんようになった」

　すると、その話を聞いていた、別の高齢オヤジが言った。「働くこ
とはボケ防止に大切やで。わしもな、町の役をお願いするときにはな、
いつも『ボケ防止になりますよ』と言って説得するんや」

　その時、都市社会を研究している、ひとりの学者が、町内会活動が
ボケ防止に役立っていたことを知らなかったのはうかつだったと反省
したことは、誰も知るまい。(2022.6.6)

【サウナ室のヌシ】

　「Ａさん、木曜日（ジムの休業日）以外、毎日来てはるの」。「あぁ、嫁
さんがな、光熱費がかかるから、出て行けと言うんや」。「お昼はどう
してはるの」。「嫁さんがな、おにぎりを作ってくれる。少し、プール
をやってな、1日に6回サウナに入っている」

　しばらくして、Ａさんは別のマダムと話していた。「水着がすぐダメ
になる。サウナに入っているからやな。先月も買ったし、今月も買っ
た。だいたい、競泳用の水着は、80度のサウナに入ることを想定して
ないさかいな。でもな、ここ（腹のあたり）にアリーナの文字がないと、
落ち着かなくてな、アリーナはな、ロゴマークが大きくついとるんや。
ミズノは小さいけどな。でもな、それがはがれてきよる。それでもな、
いつも、このメーカーのを使おとる」

　私は、いつも空気になってみているのだけれども、Ａさんは、マダ
ムたちに人気である。まったく、気がねがないのだ。さらに言えば、

マダムたちもＡさんに出会って、世間話をするのを楽しみにしている
ようにも見える。

　これからＡさんを「サウナ室のヌシ」と呼ぶことにしよう。

（2022.6.11）

【話の転換】

　すべてマダムだった。9人のマダムのなかで筆者は空気になってい
る。彼女たちは、外反母趾の不安を口にする。高齢マダムが、ひとり
ひとりの足を手に取って診断している。「固いな、これはだめやな」、
別のマダムの足を取って言う。「やらかいやん。何とかなんるで」。マ
ダムたちは言う。「整骨院に行って矯正してもらった方がいいやろか」。
「そうやな……」

　すると、突然、別のマダムが言った。「今日のエアロのことやけどな。
○○さんの、今日はきつかったな……」。話が突然転換する。

　思い出した。昔同じことがあった。長女が幼稚園の時の保護者会。
いろいろと意見が出たのに、ある時それまでの議論がなかったことに
なって、直前の発言で結論が出される。えっえっ、と思うのはその場
にいた唯一の男性である筆者一人だった。話が流れて曖昧にしてよい
のか。まず、とりあえずの結論でもいいから、それを出せ、という
のは男性ジェンダーなのだろうか。（2022.6.15）

【暑さとインフレ】

　マダムたちの会話。「今日は暑かったな。スタジオには冷房が入っ
てたけど、トレーニング室にはなかったやろ」。「窓やドアを開けてる
さかいな。気温が低いからって、そうしとるんやろけど、湿度は半端
ないで」。「スタジオは湿気で滑るさかい、つけとるんやろな。あたし、
○○さんにトレーニング室もエアコンつけてくださいと言ったんやけ
どな。送風にします、やて。あたし、今度湿度計を持ってこようと

思ったわ」。「あれ、誰か熱中症になって救急車で運ばれんとダメやな」。「結局、光熱費の問題やろな」。「熱中症はこわいで、家にはポカリやアクエリは、常備してる」。「あたしもな、子どもにスポーツドリンクの金をケチるなと言ってる」。「あたしもな、お母さんに、毎朝、ポカリをコップ一杯飲ませとる」。「でも、うちの子らはな、カフェラテのほうがいい、と言うんや。カフェラテ飲まな、授業に出る気がせんとかな。それダメやん」。「スーパーで買うポカリとかアクエリとかな、1.5リットルとか2リットルで178円とか198円とかやろ。自販機で買うよりもやすいけどな、最近、安いの売ってへんな」。「それどころか、値上ってるで」

　私は、インフレを実感した。そして、帰宅して、この話を連れ合いに話すと、彼女は、熱中症で運ばれる会員が数人でなければ、個人的体調の問題として闇に葬られるでしょう、と。たしかに。(2022.6.22)

【3層構造の顔面】

　「目が腫れてん」。「どうしたの」。「日焼け止めクリームが汗で流れて目に入ったん」。「あぁ、赤くなってはる」

　それを聞いていた別のマダムが言った。「あたしはな。下地にUV成分の入った美容液塗るやろ。その上にUVクリームや。そしてその上に粉おしろい。それで大丈夫や」

　私は思った。あなた、3層構造の顔面だったのね。(2022.6.29)

【マダムがいないとき】

　今日は、仕事を終えた後の夕方、サウナ室だけに来た。いつも賑やかなマダムたちは午後4時ごろには皆サウナ室を出る。マダムたちは専業主婦が多いので、夕飯の支度があるのだろう。

　4時半ごろに常連オヤジが入って来た。「今日は静かやな。うるさいのがおらんとええな」

彼が、話しかけたオヤジは無言である。入ってきたオヤジは、つまらなそうな顔をしていた。(2022.7.1)

【居眠り】

下段のマダムが言う。「ここなら1周（12分計の一回り）できるわ」。サウナ室のヌシ（Aさん）が言う。「わしは、そこでも無理や」。「Aさんはなんべんも入っているからやろ。今、何回め」。「4回か5回や。さっきな、外の椅子で寝とったんや。歳をとると居眠りしやすくなる」。それを聞いていたマダムが言った。「昨日の夜な、パウダールームで居眠りしとった人がいてな、もう36分やで、バスが行ってしまう。しゃあない、送っていったる、と騒ぎになったんや。そん人な、ドライヤーをかけた後な、椅子の上に座ったままで眠ってはったんや」。「疲れてたんかなぁ」。「いや、よく居眠りしてしまう、と言うてはったで」

筆者は、E・ゴッフマンの『行為と演技』を思い出した。彼は、アングロ-アメリカ社会では、電車の中で居眠りをごまかすために、雑誌や新聞を読むふりをすると言う。アメリカでは、公衆浴場で居眠りする男性も、パウダールームで居眠りする女性も、決していないに違いない。(2022.7.2)

【サウナハット】

「今日、オーナーにきいたんやけどな。ここで、サウナハットを被ってもいいんやて」

「でも、一人で被るのは勇気がいるな。みんなで買おうか」。「派手な色がいいかな、髪になじむ色がいいんちゃう」。「ピンクにしよ」。「手洗いよりも洗濯機で洗えるのがいいよな」。「サイズは」。「私は後ろ髪がおだんごになってるさかい、Lやないとな」。「あたしはMで大丈夫や」。「あたしは、顔が隠れるような、少し大きい方がええな」

マダムたちは、共通アイテムができることが、とてもうれしそうで

ある。

　「でも、サウナ室に入って来た人が、みんな同じ帽子を被っていたら驚くで」。「オカルトやな」。「いや、これ買わなあかんと思うんちゃうか」

　筆者は、今、イン・グループの生成に立ち会っている。（2022.7.4）

【相対的剥奪】

　マダムたちは、スタジオのエアロビやヨガのインストラクターたちを査定している。

　「○○ちゃんは、ないよな。私たちにタメ口やで。今日なんか、『後ろのおねえさん、ちゃんとやれよ』やて。口が乱暴。お客さん、という意識がない」。「若いから許されるんと思ってるんちゃう」。「おばさんに教えてあげている、という感覚なんやろな」。「Wさんは丁寧やし、そんな口は聞かんな」。「みんな、その他の先生は、終わった後に出口に立って『お疲れ様でした』とあいさつするのにな」。「なんといっても、丁寧で面白いのは、○ッシーやで」。「○○ちゃんに教えてあげてほしいわ」。「でもな、あたしら○ッシーが普通やと思うから、そう思うのかもしれへんで。○ッシーは、異常に優秀なんかもしれん」

　最近、学生に集合行動論を教えたばかりの筆者は思った。マダムは、どこで相対的剥奪論を学んだのだろう。（2022.7.6）

【大人の男女】

　「主人な、マキタの工具に凝っているんや。こないだもな、工具を入れるケース買ってな、届いたんや。なんでも、マキタやねん。あたしな、結婚したら、床の間に座っていたらいいと思ってたんや、ところがな、主人は何もやりよらへん。サツキの剪定もな。年2回、あたしがやるんや、そのための工具も安いのを買ってあるのに、また同じようなマキタの工具を買ってん」

　サウナ室のヌシが答える。「俺もな、嫁が花を次々に買ってきよる」。

マダムは言う。「女の人は花が好きなんやから、許してあげて」。ヌシが言う。「でもな、それを庭に埋めるのは俺の仕事や。嫁は買ってくるだけで、あとはほっとらかしや」。「信じられへん。黄色い花はそこではなくて、あそこにとか、それが楽しいのにな」

二人は仲良く話している。ヌシとマダムの年齢差は、おそらく20歳ほど。これがいずれも若く、差が5歳程度なら、ラブロマンスになっていたのに……と思った。(2022.7.9)

【なすび】

サウナ室のヌシが聞く。「なすび作っとるか」。オヤジが答える。「わしは作っとらへん」

マダムが答える。「あたしは、前に作ったけどな、硬い硬い奴しかできひんで、あきらめた」。「わしな、なすびの剪定をどうしようかと思ってな」。オヤジが答える。「そんなん『なす　剪定』で、スマホで検索すればカンタンに分かるやろ」。マダムが言う。「あたしな、パソコンを使えんさかいな、そういうときは図書館で本を借りてきて調べる。でもな、果樹の剪定とかで、ここを切れと書いてあるけど、その枝ないんですけど……、と戸惑うことも多いな」。ヌシが言う。「そうなんや。それがな、ネットを見ても、言ってることがバラバラなんや。剪定しなくてもいいという意見もあってな」

わが家も毎年庭の畑でナスを作っている。今年も2本の苗で、もう4〜5本収穫した。これまで剪定などしたことがない。世の中には、知らなくてもよい、というか、煩わされなくて、その方が幸せである情報は、あるものだと思った。(2022.7.18)

【サウナハットの流行】

サウナハットは一気に広まった。今やマダムの8〜9割が被っている。それに影響されて、オヤジたちの中にも被るものが現れた。サウ

ナハットは、熱から髪を守るのだそうだ。しかし、今日被っていたオヤジ。あなたの場合……。（2022.7.26）

【EMS器具】

　ジムに電気で筋肉を刺激するEMS器具を売る業者がやって来た。20万円するというのだが、来月末まで無料体験をやっている。このところ、マダムたちはその話題でもちきりだ。「〇〇さんなウエストが5センチ減ったと言ってはったで」。「ええっ、すごーい」。「その時だけやで。すぐに戻る、戻る」。「でもな、あたしお腹がやわらかくなったで。効いているとは思う」。「でもな、ここでならやるけどな。買うても、毎日絶対やらへんと思う」。「そうやなぁ。めんどくさいしなぁ」。「もう10件売れたんやて」。「目標は50件やて。1000万円やで」。「△△さんな、10日試して効果があったら買うっていってはったわ。どうしようか迷ってはる」。「あんひと、腰が悪いやろ、そりゃあ、どこかに痛みがあって、それで治るのなら安いんと違う」。「でもな、スタジオの休憩の時に販売員のおねえさんがいないって、どうなん。こっちとしては一番、やりたいときなのにな」。「おねえさん、朝から来ているやろ、お昼ご飯を食べなあかんやん」。「ならな、ちょっと時間をずらせばいいやん。チョコとかなヴィーダーインゼリーとか食べてな、みんなが来てくれるときに働いた方がぜったい売れるで。こんど、教えてあげたろかな」

　自分は買うつもりがなくても、売り方について助言しようとする。それがマダムである。（2022.7.23）

【ギャル】

　「今日、人少なかったな」。「コロナが流行っているさかいな」。「ギャルは、ほとんどいなかったで」。「ギャルって誰のこと」。「そりゃあ、ギャルは4回目接種をしていない人のことや」

そうか、筆者は、先週までギャルだったのかと思った。（2022.8.8）

【民衆理性】

「4回目接種するのか」。「今の方針は9月末までらしい。いま打っても3カ月経ったらワクチンの効力は少なくなるしな」。「そうなんや」。「だから、あたし様子を見ようと思ってん。10月から、どうなるかわからへんしな」。「そうか。俺もそうしようかな……」

「民衆理性」という言葉を思い出した。（2022.8.12）

【高校野球の甲子園】

「○○（地元の代表校）、気になるなぁ」。「頼りになるピッチャーが一人ではあかんやろ」

「サウナにスマホ持ってきたいやけど、壊れたらあかんしなぁ」。サウナ室のヌシは、新たに入って来たオヤジに聞く。「どうや」。「2対2や、6回や」。「よっしゃ!!! 初回で大量点取られると思っていたわ。わし、出るわ」

ヌシは、出て行った。そのすぐ後に、常連のマダムが入って来た。「8回。2対7や。もう見ていられへん。あたし親の気持ちや。もういいわ、と思ってこっちにきた。△△君、ようやったと思う」

高校野球は、球場、テレビ、サウナ室で支えられている。（2022.8.20）

【教わる側の力量】

○ッシーという、人気のインストラクターさんが辞めるらしい。「なんでや」。「コロナに罹ったとかの話があって、そのせいか休みが多かったさかいな、ジムから注意されて、そんなら辞めるとなったんちゃう」。「今日な、休みが多くてすみませんと言ってはった」。「そうかもな。○○ジムは、社員で雇用するらしいやん。こことは違うさかいな。休んだら収入もなくなる。つらいで。別のいいところが、決

まったらいいな」。「〇ッシーは、インストラクターで全国3位になったことがあるんやて」。「駐車場で練習していたところをよく見たわ。別のジムから来て、時間前にやっとるんや。えらいよな」

　マダムもオヤジも、世間のことをよく知っているから、目は確かだし、優秀なインストラクターさんに優しい。まさに亀の甲よりも年の功である。ジムで優秀なインストラクターが辞めるときと大学で優秀な非常勤講師が辞める時とはまったく違うのである。(2022.8.22)

【社会運動】

　このところジェディはご機嫌斜めである。きっかけは、人気インストラクターの〇ッシーの退職である。彼が辞めたことで、プログラムのバリエーションが減るのが不満だ。そこで彼女は、後任の確保に動いた。〇ッシーから、有望な人を聞いて、その人を後任にするように経営側に働きかけた。嘆願書を出すとか、誰が誰に訴えるのかとか、ここしばらく、サウナ室ではマダムたちの作戦会議が続いた。私はそれをずっと聞いていた。そして、おお、これは小さな社会運動じゃないか!!!　と心の中で思っていた。しかし一方、私は聞き取ってもいた。そうした活動に熱心な人がサウナ室から出て行ったあとで、黙って聞いていたマダムたちの幾人かが、「あたしらは、どうでもいいんやけどなぁ」と本音を漏らしていたことも。

　なかなか事態は好転をみせない。今日も、ジェディは、怒っている。〇〇ジムは、同じ料金で月一の休日やで。しかもプログラムはたくさんある。こっちは、週一の休みで、このプログラムや。あたし、〇〇ジムに行こうと思うわ。ただな、ここには友達がおるさかいな、それだけや。ほんと、腹立つわ。

　ただ筆者は、スタジオレッスンは受けていないから彼女の不満がよくわからない。(2022.8.30)

【老人会①】

高齢オヤジが言う。「二つの老人会が一緒になったんや。やる人が少なくなってな。このあたりな、高齢者は、増えているんや。でもな、老人会に参加する人が減ってる」

マダムが答える。「そりゃあ、老人会に入るよりも、ここに来た方が楽しいさかいな。ここに来とる○○さんが、老人会でやってはるのは想像できひん」。「ああ、○○さんな、たしかに入ってないな」。「そんでな、老人会に入ってなくても、行事には出られるようにしたんや」。「それ、不公平ちゃう」。「そうなんや。行事は準備せなあかんし。その時来る人は、なんもしないでいいんやからな」

この問題。まだマスメディアは、取り上げてない。(2022.8.31)

【共同購入のその後】

今回も、サウナ室のオルガナイザーであるジェディの話である。「○○さんな、もっとコストコが安ければ抜けなかったと思う。だってな、多く買っていてもな、息子の家にやると言ってはったしな。何で抜けるんかな」。「でも、コストコの商品は、まずいことはないで。安いしな、そこそこおいしいよな」

友だちのマダムは首肯して、聴いている。彼女は、グループを代表して数か月に一度、コストコに買い出しに行く。買ってきたものは平等に分配して、代金を支払うシステムである。

これまで、これは4人で運営していた。ところが、どうやらそのうちの一人が脱退したい、と言ってきたらしい。私は以前、生活クラブ生協が理想としていた共同購入が挫折したのに対して、コストコが自然発生的に、共同購入を生み出したことを指摘した。しかし、はやくもこの仕組みも、困難を迎えたようである。「あたしな、もう3人でいいんと思ってるんや。いろいろ、ややこしいことは、御免や。買ってきたものが、4で割り切れるか3で割り切れるか、はあるけどな」

聞いていたマダムが言う。「それで、いいんちゃう」。私は思う。ジェディ、あなたは、よくやっている。(2022.9.2)

【自分のことは棚に上げて】

　高齢マダムが話している。「あたしな、最近いつも2本の線が見えるようになってな、気になってしゃあないねん」。「飛蚊症やな。あたしもな、高1の時からずっと目が悪うてな、月一で眼医者に通っているやけどな。こないだ、免許証の更新で視力検査があったんやけどな。こんな箱を覗いて、マルのどっちが空いていますか、って聞かれるんやけどな。箱の中が明るいさかいな、すらすらと答えられてな、もう次は視力検査なしでいいですって、言われたんや。わろうてもうたがな。ラッキーってな。いいかげんなもんやな」。「でもな、思ったわ。年寄りの運転するクルマには気を付けなあかん。ぶつけられるで」

　高齢マダムの辞書には「再帰性」（自分のことを振り返る）という言葉はない。(2022.9.10)

【Cさんの帽子】

　Cさんは、最近サウナハットを被っている。それは手作りのもので紙幣柄のタオルでできている。1万円と書いてある。それはとてもユニークなデザインだったから、マダムたちがちゃかす。本物のお札をつけてくれないかなぁ、とか、透かしのところを前にすると、オバケみたいで気持ち悪いからやめてよ、とかである。あるマダムが言う。「それ手作りなの」。Cさんは、小指を立てて言う。「俺にはなぁ、いろいろなところに女がいるしな」。たしかにCさんは、JRAに務めているから、馬とともに全国に行っている。モモリンが反論する。「もう、いったん退職しているんやし、年金と3万円の小遣いで、女ができるはずがない。奥さんの友達が作ってくれはったんやて」。どうやら、モモリンは事情をすべて承知らしい。Cさんは、ただニヤニヤ笑ってい

る。その時、別の高齢マダムの声が高らかに響いた。「だから私は思っているんや。男に金を渡したらいかん!!!」(2022.9.14)

【廃品回収】

　マダムたちが話している。「寒うなったな。うち石油ファンヒーターが壊れてな、捨てようと思っているやけどな、金属ゴミに出していいやろか」。「破砕ゴミちゃう」。「あたしも、そう思ってな、シールを貼らなあかんかと思ったんやけどな」。「市の説明書を見たんやけどな。大丈夫やで」。「ファンヒーターの中の灯油タンクもだしていいの。それも灯油を空っぽにしたらオーケーや」

　この話に、高齢オヤジが口をはさむ。「買い換えるんやろ。買うた業者が引き取ってくれるで」。「そんなことあるの。テレビとか冷蔵庫とか、買い換えた時に引き取り料取られたで」。「どこで買うたんや」。「ヤマダ電機やけど」。「ああいう大手はいかん。町の電気屋から買うたらええ。古いものは引き取ってくれる」。マダムは言う。「でもなぁ、いろいろみて買いたいさかいな」

　私は思った。マダム、そういう問題ではない。高齢オヤジの生活世界は、家電リサイクル法（2001年）以前のまま、止まっているのだ。

(2022.9.21)

【退会を心配する】

　「ジェディどうするんやろう」。「こんどサウナであった時に話そうな、と言って、あたしも知らんねん」。そうしたときに、ジェディが現れた。彼女は、スタジオレッスンの充実を訴えたことでジムの経営側と対立した。嫌気がさした彼女は、別のジムに移ることを考えていて、このところ、そのジムの体験コースに行っていたのである。彼女の登場に、みんなは待ってました、である。「今日は報告会やな」。ジェディは言う。「結論から言うとな、あたし、このジムに残るわ」。それを聞いて、

みな拍手をする。「○○ジムに行ったんやけどな。簡単な教室とめっちゃレベルの高い教室のどちらかしかないねん。あたし1週間通ったんやけどな。レベルの高い教室に入ったら、ついていけへん。初めからくるくる回るねん。このジムにも来ているQさんにな、ここでやって、と言われてやったんやけどな、途中で、みんなの迷惑やから場所変わろ、と言われてな。そればかりやないで、へたくそのくせに服が派手過ぎると言われてな、あたし、持ってる中でも、わりと地味な服着とったんやで、でもこれでもダメやと言われたんや。心折れるわ」。マダムたちは、皆ジェディに同情する。「ひどいな、Qさん、前からこのジムは生ぬるいと言ってたしな」。「でも、それなら来なければいいのにな」。「水曜日と土曜日は来てはるな。そんな言い方はないなぁ」。マダムたちはジェディを慰める。でもジェディは意外と元気である。

　これは新参者に対する「いじめ」だろうか。しかし、もしかしたら、Qさんは、ジェディの本音とマダムたちの気持ちを忖度したのかもしれない、とも思った。(2022.9.28)

【介護経験】

　「今日少なかったな。○○さん、最近見いひんな」。「お義母さんの介護で大変なんちゃう」。「えらいな。あたしも、こどもの介護ならするけど、親の介護で、あそこまでやる自信ないな。(このマダムの子は、障害をもっている)」。「誤嚥を防ぐために『とろみ剤』というのがあるんやけどな、それよりも、片栗粉を使った方が栄養になるって言ってな、毎回作ってはるんやで」。「『とろみ剤』って、なに?」。「お味噌汁とか、そのまま飲めへんのや。だからな、ヨーグルトのようにするんや」。「それで水分取れるの」。「そうや」。「片栗粉なんて、一袋99円ぐらいやん。片栗粉使った方が安上がりやと思うけどな」。介護経験があるマダムと介護経験のないマダムの意見はすれ違う。(2022.10.1)

【混浴のおかげ】

Cさんがまた奇抜なサウナハットを被ってあらわれた。ピンクの地にミニオンズの柄が描かれている。「なに〜それぇ」。「サウナハットやなくて普通の帽子やん」。Cさんは自慢げに言う。「リバーシブルやで」。裏返して被って見せると、かわいい子熊の柄になっている。「かわいい!!!」。マダムたちから歓声があがる。Cさんは言う。「これで11個目や」

このサウナが水着着用の混浴でなかったのなら、Cさんはこんな柄のサウナハットを、こんなにたくさん手に入れることはなかったに違いない。(2022.10.12)

【マネキン】

ジムでは水着のバーゲンセールをやっている。高齢オヤジたちが話している。「あの7割から3割引きってほんまかな」。「7割のが一つあるんやろ。サイズが大きいか小さいかで売れ残ったものがな」

超高齢オヤジのダーリンが言う。「わしな、もう水着は買わん。いつポックリいくかわからんしな。それより、あのマネキンが欲しいわ。おっぱいが大きくて腰がくびれたやつ。売ってくれへんかな」。「聞いてみたらええ」。それを聞いていたマダムが叫ぶ。「何に使うん!!!」。「わしな、一人身やさかいな。あれで着せ替えて遊ぶんや」

ポックリいったとき、マネキンと女性用の下着や服を目にする遺族に同情を禁じ得ない。(2022.10.24)

【結婚】

モモリンが、隣に座った男に話しかける。「しあわせ?」。男は戸惑った顔で答える。「普通」。「そんな顔で言われると心配になるやん」。男が反論する。「僕が結婚したって誰に言ったんですか」。「あたし、言ってないし」。「おねえさんに、聞いたで、って言われました」

そこに割って入るマダム。

「うちの娘のことやけどな。彼氏から、もう〇〇ちゃんの面倒を見られませんと言われたんや。娘の親の私にやで」。じつはこの話。私が聞くのは2度目である。彼女が娘のことを心配しているのはよくわかる。「あたしはな、あの二人は、結婚してもしなくてもいいと思っているんや。犬を2匹飼っていていてな。相手は、その面倒を見てくれるんやて。それいいわな、とは思ってる。二人とも働いていてな。8万の家賃は半分ずつ出しているしな、食費も8万で等分の負担なんやて。男は看護師さんでな。うちの娘は店員や。でもな、結婚というのは家と家の関係やろ、相手の家は、大卒でなければだめだとか、同じ看護師ならいいけど…、とか言うてるんや。うちの娘は高卒の店員やからな、あたし、そんな相手と結婚してもしなくてもいいと思ってるんや。女はな、主婦になったら、大卒も高卒も関係ないさかいな。でもな、娘はネイルの資格とると言っていてな、それはいいこっちゃっ、と思ってる。まぁ、娘が仕事をしているときに2匹の犬の面倒を見てくれているのは助かっている」

男に問うたマダムは言う。「そうやなぁ」。もはや、新婚の男は蚊帳の外である。（2022.10.26）

【ぬか風呂】

サウナ室のヌシが話し始める。「『ぬか風呂』というのがあるんやてな。今日、それに行ってきた〇〇ちゃんに、臭くない、って聞かれてな、クンクンしたんやけど、あれ変に思われるわな」。マダムが質問する。「『ぬか風呂』って何？」。「首まで『ぬか』に浸かるんやて。紙パンツ履いてな。個室らしいわ」。「でも、その『ぬか』、使いまわしやろ」。「そりゃそうや」。「あたし、いややわぁ。前にオジサンが浸かっていた『ぬか』に入るの」。別のオヤジが言う。「きれいなお姉さんの後なら、男はいいんちゃう」。「あのお姉さんとこのお姉さんの後のぬ

かをブレンドするという注文はできるんやろか」。（私の心の声……馬鹿である）

「その『ぬか』はサラサラしているの」。「そんなことないやろ。汗が出るしな」。「いややぁ」。「でも砂風呂なんて似たようなもんやで。みんな使いまわしや」。「あたし、ぜったい、いや!!!」

う～ん。水着を着ているとはいえ、そういう彼女はオヤジたちと一緒のジャグジー風呂に浸かっているのだが……。(2022.10.29)

【ボケ】

「普通80になったら腰曲がるけどな、ここに来る人は背筋がピンとしとるな」。「そりゃあ、運動してはるからな」。「運動は大切やで。でもな、運動しとってもアタマが弱るで」。「それは刺激がないからやな」。「まぁボケるのも幸せやで。神経痛とかわからなくなるんや。骨折しても平気やで。でもな、トイレットペーパーを食べるんや。いい香りするヤツあるさかいな。そんでな、おんなじ話を何回も何回もするんや。1日5回とかな」。「あたし、それなら許せる。5分に1回は許せん」。「わし、かわいいボケ老人になりたい」。「ええんちゃう。にこにこして黙っとったらええんや」。「でもやっぱり、自分のことは自分でできるボケになりたい」。マダムが、叫んだ。「そんなボケおるかいな!!!」

見事なボケだと思った。(2022.11.7)

【庶民の知恵】

マダムとサウナ室のヌシが議論している。「今日から始まった県のS割、めっちゃ、お得やで、3割引やさかいな1万円買って7000円になるんやで。ラインに登録してな、それを見せると使えるんや。年末にかけてビールとかな、まとめ買いするにはいいで」

それに対してヌシが言う。

「酒やたばこはダメなんちゃうか」。「そんなことない。あたし、レジの前の人が使っとったのを見たわ」。「いや、規約を読んだ記憶やけどな、駄目だと思う」。すると別のマダムが言った。「あたしも、商品券をコンビニで使おうとしたら、これはダメだと言われたことがある」。「コンビニとスーパーでは違うんかいな。県のＳ割の事務局に聞けばわかるな」。すると、ヌシが言う。「止めといたほうがいい。基本はダメなんや。でもな、店にとっては、どうでもいいことや。カネが入るさかいな。だからな、店によって違うんやろな。そんなことは黙っとって、店に聞くのが一番や」

　筆者は、帰宅した後で、県がやっているＳ割について調べてみた。対象品目に除外商品はタバコだけのようだ。しかし、ヌシの意見は、これまで培ってきた「庶民の知恵」だと思う。(2022.11.14)

【Ｓ割】

　マダムたちの話題は、県のＳ割についてである。「あたし使ったわ。でもな、あたしの後のおばさんが使い方が分からなくてな、もういいわ、となってな、カートの上下にいっぱい買ってはったんやで。あたし、教えてあげようかと思ったんやけどな」。「店の人は助けてやらんの」。「混んでたからな」。「あたしがスーパーで見た時は店員が説明しとったで」。「それは、空いてたからかな」。「Ｓ割、使えるところが少ないな。フランス料理の店に行ってな、一人一人会計してもらったら安くなるけどな、そんなことできるんやろか」。「上限１万円の３割引やろ。例えば6000円の料理で4人で行って2万4000円が、2万1000円。1人5250円や。一人一人会計したら4200円やで」

　「ケーキバイキングで使えないかな。○○で使えたらいいけどな。対象店舗ではないな。あそこのケーキバイキングは、4000円近くするんや。昔はもっと安かったんやけどな」。「4000円なら、買うて帰った方がいいと思うわ」。「あたし、白飯とスイーツがあればいいねん。お

かずは、いいねん」。「ええっー。お肉とか天婦羅とか、食べへんの」。「身体のために食べなあかんと思って食べるけどな」。「それなら、米をスーパーでまとめ買いするのがいいんちゃう。あたしの家では、多い時には8合炊いていたで」。「すごいなぁ。あたしんちは、炊飯器が5合炊きや。お米を5キロ買っても何カ月も減りよらへん。朝と昼と続けてご飯食べるときはないからな」

　マダムたちの話題は、いつの間にかS割の話から食の話題になって、それは延々と続いた。(2022.11.16)

【幸せは平等に】

　県が始めた需要喚起策のS割は大好評なので、先週後半から配布制限を行うようになった。配布は月曜日の午前0時からである。マダムたちが話している。「S割、取れた？　あたし、11時59分から、なんどやってもあかんかった」。サウナ室のヌシが誇らしげに言う。「俺取れたで、1時ごろにな。スマホ2台で両方ともな」。「ええっつ、○○さんな、夜中にトイレに起きた時にやったら取れた、といってはったわ。運やなぁ」。「でもな、アクセスが殺到してな、使おうとしたらカメラが使えないこともあるようやで。△△さんはな、1万円分計算してレジに持って行ったらカメラが使えなくて、買おうとしたもの全部を元に戻したんやって」。「でもな、正月用に買いたいもんもあるしな」。「そういえば、数の子が売り切れそうになっていたな」。「□□さんは牛肉を買って冷凍しておこうと思っていたら、お店の人がおカネを払ってくれたら受け取りは年末でもいいって言ってくれたんやて」。「どこのお肉屋やろな」。「クリスマスケーキを予約するのもアリやな。でも、S割をとれなしゃあない」。「ええんちゃう。無駄使いせんで済むし、取れたら1万円何に使おうと思ってしまうしな」

　サウナ室は最上段が上席である。そこがひとつ空いた。マダムがサウナ室のヌシに言う。「あんた、S割2つも取れたんやさかい、そこで

ええな。あたし、上に行くで」(2022.12.5)

【エアロビクスの効果】

サウナ室のヌシが言う。「エアロビクスの回転やけど7割逆に回っとる。たぶん足が間違えとるんやな」。マダムが言う。「せめて5割にせんとな」。別の高齢オヤジが言った。「ワシも一緒や。ボケ防止になると思ってエアロビクスを始めたがな、たしかに、ボケの確認にはなっとる」(2022.12.12)

【クリスマス】

エアロビクスの教室では、来週から、レッスン時にかける音楽がクリスマスソングになるらしい。そこで、マダムたちがたくらんでいる。「いいか、服は白か赤やで」。「赤のTシャツあるかな」。「帽子はクリスマスのを百均で買うてもいい。キャップなら緑でもOKや」。「白のマスクに赤で書いたら面白いんちゃう」。「それ、ええなぁ。でも不織布には書きにくいんちゃう」。「アベノマスクなら余ってるし、あげるで。あれにマジックで書いたら、ええ」。「あたし、口裂け女になる」。「あたしは、ペコちゃんがええな」。「あたしは、チューしてるところ」。「ええか、これはぜったい内緒やで。先生、びっくりするやろなぁ…」

こういう教え子を持つ講師に、大学教員として、少しジェラシーを感じた。(2022.12.14)

【集団の境界】

連れ合いが言う。「来週のエアロビクスのクラスでは、紅白のクリスマス扮装をしてね、と言われたの。まぁ、それはいいんだけどね、帽子をかぶるのは踊りにくいから、やだなぁ。強制じゃないからね、と言われても、そう言われたら、合わさないといけないし……」

この企画を作った中核メンバーと、私の連れ合いのような周縁メン

バーとでは、温度差があるようである。そして、あらためて考えると、そもそも「同じ格好で踊ろう」という発想は女性ジェンダーだと思う。オヤジたちなら、けっしてそういう呼びかけはしないだろう。

　そして、この女性ジェンダーは、イングループ（内集団）とアウトグループ（外集団）を明確化させる。つまり、ルールに従わなかった人には「そういう人なんや」というスティグマが貼られるのだ。だから、それは圧力になる。これは、大人の集団では大した問題にはならないかもしれないが、子どもたちの学校ではしばしば「いじめ」の端緒になりかねない。（2022.12.17）

【高齢化と自治会】

　サウナ室のヌシと高齢マダムの会話。「自治会も誰が役員になるかでだいぶ違うよなぁ」

　「すこし前にな、役員に『呑んべぃ』が一人もおらんかったさかい、夏祭りにビールを出さなかったんや。そしたら、怒った人がいてな。そんなら夏祭りに行かん、ってな。あたしなら、じぶんちからビール持っていくけどな」。「しかし、みんな歳とっていくさかい。仕事を減らさなな。前と同じことではあかんよな。でも、変えようと自分が言い出したら責任取らなあかんしな。1年だけなら、みんなの言う通りやろか、となるわな」。「男手がたらんと、テントも立てらえへん。原則はな。80歳以上、独居、障害者手帳を持っている、の3条件すべてクリアしたら、自治会の仕事は免除や。でもな、それは全体のルールでな。班ごとに融通をきかせている」。「それはそうやな。そうせんとな」

　いずこも同じ問題を抱えている。（2022.12.19）

【女子のいじめ】

　入って来たマダムが言う。「ごめん、コロ連れて来たわ。後ろ見たら

おるねん」

　先にいたマダムが言う。「カギ閉めたろか」。「みんなで足を出せば座れないんちゃう」。窓から外を確認したマダムが言う。「今、ジャグジーに入った」

　サウナ室は4人掛け3段の座席とそれに直角の1段の座席がある。その時3段の2段目までは満席。私が座る直角位置の1段も3人が座っている。2段目に座る4人のマダムが足を出せば、その下の1段目には座りにくい。しかし、「コロ」とは誰だろう。

　急にマダムたちのおしゃべりがやんだ。彼が入って来た。ああ、この人か。マダムたちがおしゃべりをしていると、露骨に咳払いをする高齢オヤジ、ジョーカーのひとりである。2段目に座るマダムたちは、少し足を延ばす。彼は、そこに座るのをあきらめて私の横にやってきた。不穏なムードである。

　これはイジメではないか。というか、やっていることは小中学生の女の子と同じ……。(2022.12.26)

【ハーレム】

　最近毎土曜日、サウナ室のヌシが、ジムの入り口ロビーでマダムたちに囲まれている姿をよく見かける。そのことについて、マダムが話す。「毎週ハーレムやな。お茶代おごってるんやてな」。「わずかなもんや。きんちゃく袋に小銭入れといてな。これで、と渡すんや」

　「Aさん（ヌシのこと）、見直したわ。出してくれへん男もいるで」。「男にさせてもらってます。ありがたいこっちゃ」。「でも、今の子はワリカンらしいで。あたしの頃は、出してくれへんかったら、サヨナラやったけどな」

　う～ん。私はサウナ室のヌシとこのマダムの中間くらいの年齢だけど、この感覚は分からない。(2023.1.7)

【老人会②】

　高齢オヤジが尋ねる。「それで老人会の会長は辞めたんか」。「わしは、辞めると言うたんや。でもな、だれも、後を引き受けない。いろいろと事情を言ってな。会長が決まらんと、後の話もできない。そんでしゃーないから、また2年やることになった」。高齢マダムが言う。「老人会もな、あんなんでは、若い人が入ってこない。『ふるさと』を歌うのは分かるんやで、でもな、何とか音頭を歌うというのはなぁ」。あらためて会長になった高齢オヤジが言う。「わしは、もう老人会は止めたらいいと思っているんや。市がな、100歳体操とか、ニュー・スポーツとかな、それぞれのサークルを作ってくれたらいい」

　行政にこういう声は届いているのだろうか。これまでのコミュニティ政策は見直すべき時期にきている。そして、これは首長と行政幹部の決断がいる話である。（2023.1.21）

【新聞配達】

　「Kちゃん（ヨガのインストラクター）な、スクールガード始めたんやて」。「ええっ。お母さんの介護もしてるんやろ」。「高齢の人が辞めてな、誰か引き継いでくれと言われて手をあげんたんやて」。「今日な、ジムに来る前に、一万歩になっていたと言ってはった」。「毎朝、新聞配達しているさかいな」。「いつ寝ているんやろな。Kちゃん、三つ子の世話をしていると言ってはったんやん」。「ああ。ご近所のな。その人な、引っ越して行ったらしいんやけどな、上に中学生のお姉ちゃんと小学生の子ども2人もおってな。そんで、今お腹に一人おるやんて。7人やで。親の勝手で子ども作っていいんやろか」。「すごいなぁ。でもなあ、テレビで大家族観るやん。そういう家は、建設会社の社長さんとかでな、一回の食事の買い物が10万円とかな、裕福なんと違う」。「その人はな、今は新聞配達しているそうや。お母さんが車を運転してな。各戸には、三つ子が配るんやて」

それを聞いていた高齢マダムが言った。「それは大切やな。子どもには苦労させな、あかん」（2023.1.27）

【不易と流行】

「今日、教えてもらっていた人なんていうん」。「○○さんか」。「あの人のが最新の泳ぎ方なんか」。「そうやろうな、一番若いから」。それを聞いていた高齢マダムが言う。「おばちゃんには困るのよ。昔、習ったのと違うから。なかなか昔の癖が抜けない」

スタジオのレッスンでも、あの人のエアロは昔のだとか、○○先生のが今風だとか、よく話題になる。面白いのは、それぞれ好みがあって、最新のものが一番人気とは限らないことである。学問にも少し似たところがあると思った。（2013.2.13）

【情報の宝庫】

「あたしの夫がな、ボランティアで日本語を教えてるんやけどな、教え子の台湾の人が○○運動公園の近くに台湾料理の店を開くんや。古民家を改造した店やて」。「ええっ、どこ。あのへんで古民家があると言ったら、運動公園を左に回ったへんかな。Aさんちの近くやろか」。「ちがうちがう。Aさんちはまっすく行って左に曲がったところやろ。公園の道を挟んだ反対側だと言うてはった」

別のマダムが言う。「その人知ってる。夜にここに来てはるで。運動公園の前の道を入っていったところや。車が3台とまれるんやて。奥さんは日本語ペラペラで、帰化してるんやけどな、ご主人は日本語ができないんや。18日オープンと言ってはったわ」

「夫がなチラシを持って来たんやけどな、値段が分からなくてな。あたし台湾料理好きやから行きたいなと思ってるんやけど」。「ランチは1500円ぐらいや。予約が必要やて。もう少しずつ予約入っているとか言っとったで。初めて店を開くからな、お客さんが来てくれるか心配

しとった」。「そんひと、どんなひと。身体ががっしりしていて大きな人。ああ、わかったわ」

すごい情報量が、一気に手に入った。さすがサウナ室。(2023.2.20)

【嫌われる理由】

コストコでの集団購入を主催しているジェディが言う。「イチゴケーキ、前と違ったと思わへん。前は、イチゴクリームやったけど、今はカスタードクリーム。普通のケーキ屋のケーキや。うまくなっていると思う」。「そうかなぁ。私も、なんか違う、と思ったんやけどな。よくわからへんかった」。「カレーパンは、大したことなかったな。しかし、コスパを考えたら一つ40〜50円やさかいな、あれはあれで、まぁええかなと思う」。「そうやな……」。彼女と共同に購入している人が、いつもサウナ室にいるわけではない。彼女は、仲間が入ってくるたびに、同じ話を繰り返す。

マダムたちのおしゃべりに、時々「噴火」するオヤジがいると言う。「うるさい!!!」と切れるのである。何度も自分には関係のない話を聞かされると、たしかに、その気持ちが分からないでもない。自分の仲間しか見えていない。これは電車のなかの携帯通話と同じ構図なのである。(2023.2.22)

【消費期限切れ】

三重県鈴鹿市の小学校で24日、市の出前授業で提供された消費期限切れの焼き菓子を食べた児童9人が、一時、体調不良を訴えた事件。問題の焼き菓子のお茶サブレ、消費期限は20日だった。

マダムが言う。「あたし、そんなもの普通に食べてる」。別のマダムが言う。「女の子の中には消費期限切れと聞いただけで、お腹痛くなる子もいると違う」。それを聞いていたサウナ室のヌシが言う。「親が細かいことを言うから、子どももそうなるんやな。俺の子どもの頃は

何日か前に炊いた飯で酸っぱくなったのを平気で湯をかけて食うとったわ。それで、なんともあらへん」

全員「ええっっっ」（2023.2.25）

【老後が心配】

マダムたちが老後の心配をしている。「介護施設に入ると月30万円はかかるで、夫婦なら60万円や。年金はそんなにもらえへんで」。「昔の人はたくさんもろうてたんやで。夫が戦争で死ぬとな、たくさん年金が出たんやて」。「ええなぁ。羨ましい」。「あんな、こないだ銀行から電話がかかってきてな、利率が1パーセントの保険があると言うんや。心動いたさかいな、話を聞くことにしたんや。1000万円を10年預けると100万円利益が出るんやで」

筆者は、いつものように空気になって話を聞いていたのだが、思わず発言してしまった。

「それでは10パーセントでしょ」。するとマダムが言った。「年率1パーセントで10年やから100万円や」。マダム、そんなうまい話はないよ、と思ったが、私は空気に戻ることにした。（2023.3.10）

【偏食】

とても痩せている偏食のマダム。食事はもっぱら、スイーツ。肉は基本食べないし、食べるのは、せいぜい鳥のむね肉ぐらいという。「子どもの頃、御祝い事があるとステーキ肉が出てな、あたし、いややったわあ。噛み切るのがいややねん」。「ええっ、御馳走やん」。「肉は基本、食べへん」。「ハンバーグもダメなん」。「何も食べるものがなければ、食べるけどな。甘いものが一番や」

マダムが尋ねる。「ステーキ肉をミキサーでひいたら食べる？」。「う〜ん……」

いや、マダム、それはステーキとは言えないと思う。（2023.3.17）

【サウナ室会話定量の法則】

　「今日、Aさん（サウナ室のヌシ）おらへんな」。「昨日もおらへんかった。どうしたんやろ。いつもおる人がおらんと心配やな」。「Aさん、甥っ子が亡くなったといってはったで。それでお墓に行ってるんちゃう」。「県外らしいで。甥っ子さんは40代やて、まだ若いのにかわいそうやな」。「脳梗塞やて。かわいそうやな、あたし代ってあげたいわ」。「あたしは代ってあげたくはないけど、かわいそうやな」。「しかし、ここは個人情報丸見えやな。だって、Aさん、自分で言うから、みんなそれを聞いてるんや」

　「モモリン、そろそろ来る頃かな」。「エアロにおらへんかったで」。「股関節を痛めていてな、薬飲みながらやってはったからな、今日は休みちゃう。薬飲んでると頭がぼーっとして、動きが覚えられへんと言ってはった」。「休んどいたらええのにな、先生が運動してくださいと言ったんやて」。「あたしもな交通事故で首を痛めた時な、クロールで筋肉を鍛えてよくなったんや」。「でもなぁ、筋トレならいいかもしれへんけど、跳んだり跳ねたりするエアロは良くないんちゃう」。「モモリン、動きを小さくしてやってはったわ」

　ふだんあまり話さないマダムが、常連で饒舌なオヤジとマダムがいないと、とてもよくしゃべる。「サウナ室会話定量の法則」と名付けたい。（2023.3.25）

【社会の掟】

　ジムにご近所に住んでいる高齢オヤジが来るようになった。彼は少し耳が遠い。その彼がサウナ室に入ってきて、しばらくして出ていった。常連のオヤジが怒鳴った。「おい!!!」

　しかし、彼は、耳が遠いので、それに気づかなかったようで出て行ってしまった。

　「あいつ、タオルも持ってなかったし、跡も拭きもせんで出て行っ

た」。思わず言った。「ご近所さんです。私から言っておきますから」

　サウナから出て、彼を見つけたので事情を話す。そして、再びサウナに入ると怒鳴ったオヤジがいたので、言っておきましたからと伝える。するとマダムたちが言う。あの人な、さっき唾を吐いて跡を流しもしなかったんや。あの人の座り方、酷いな。横も後ろも独占してはった。あまり見かけない顔やな。どの人、どの人、ほらあそこにいはる髪型が変わった人。怒鳴ったオヤジが言う。「こん人がイエローカードを出して下さったそうや、直るやろ」

　サウナ室を出るときは床に垂れた汗を拭いて出る、周りの人に迷惑をかけないようにする、というのは「暗黙の規則」である。施設が決めている「サウナ室では会話をしない」という規則はみんな無視しているが、この「暗黙の規則」は、みんな厳格に、そして共同して守っている。国家とは別の「社会」がここにはある、と言ったら言い過ぎだろうか。(2023.4.18)

【マウントをとる】

　話好きの高齢マダム。筆者は、ジムで彼女が運動しているときをみたことがない。彼女は誰かと常に話している。ミストサウナに入ると、彼女一人。筆者は瞬時に覚悟した。

　「プールに行ってはったの」。「いいえ、筋トレです」。「体重は減った」。「いや、あまり」。「お酒飲むのでしょう」。「はい毎日」。「日本酒が好きなんと違う」。「はい」。「焼酎にしなさい」。「でも、ビールとか日本酒とか、ワインとかアルコール度の低い酒が好きなんです」。「それはあかんな。そういう酒は、『あて』が増える。焼酎がいい」。「はぁ」。「あたしは酒を飲まへんけどな、そういう酒好きには苦労するんや。この酒には、このつまみが合うとかあるやろ」。「はい、たしかに」。「そしてな、日本酒好きは、辛いものが好きなんや」。「はい、刺身にワサビは欠かせません」。「そうやろ。高血圧になってへん

か」。「はい、薬飲んでいます」。「ええか、高血圧と糖尿病の遺伝は50パーセントや。あとは食生活。気を付けなあかんで。あたしは、酒を飲まへんけどな。息子たちが、飲むと言っててな。職場で覚えたらしい。宴会があるからな、しゃあないな、あんたも、気を付けな」。彼女は悠然と出て行った。

　最近よく聞く言葉「マウントをとる」というのは、こういうことを言うのであろうか。(2023.5.9)

【週1の夫婦】

　マダムが言う。あたし、ここに来て性格が変わったと思うねん。昔は、こうでなければならないという思いが強かったけど、今はそんなことなくて、これでもいいんや、って思えるようになった。皆さんと話すようになったからかな、それとも子どもが独立したからかな。高齢マダムが言う。あたし、○○ちゃんと会った初めのころ、今でも覚えているんや。「あたし、旦那さんに食わしてもらってるから、何時までに帰ります」て言ってたやろ。今でもこんな人おるんや、と思った。「ああ、そうやったかな。今はあまり気にしてへんけどな」

　それを聞いていたサウナ室のヌシが言った。「ええか、家にいないことに旦那が文句言ったら、いない日を半分にします、と言うんや。これで半分はゲットや。それで、家にいないことを続けて、なし崩しにするんや。俺は、それでやられた。今や嫁はいつも家におらん。いるのは木曜日（ジムの休業日）だけや。どこかに連れて行けと、うるさく言われとる」

　ジムの休業日は「夫婦の日」らしい。(2023.5.20)

【墓の問題】

「子どもの歳ってわからんやん。誕生日は知ってるんやで。こないだな、仕事で必要になって、市役所に行ってな、子どもの書類を取ろ

うとしたら、なかなか出てこんのや。1時間近く待たされてな。生年が違っていたんや」。「あんた、子ども何人なん」。「ふたり」。「5人ぐらいいたらわからんでもないけどな」。「あたしな、親が死んだ日がわからなくなってな、あれ、墓に行けば書いてあるやろか」。「それゃあ、書いてあると思うで」。「あたしな、父親が死んだときに墓を作ったんや。毎年5000円の維持費を払ってる。○○寺さんや。ほんとに後悔している。そん時は、近くにあればいいと思ったんやけどな、あたしの子どもには負担をかけるさかいな」。「5000円で面倒見てくれるの」。「そうやあらへん。掃除は自分たちでせなあかんのや」。「墓を移すのは大変らしいで」。「それを考えると永代供養のところを選ぶべきやったと思うねん」

　イエ制度と檀家制度の崩壊。そして仏教が葬式機能しか果たしてこなかったことの結果だと思う。(2023.5.24)

【親の介護】

　「うちな、おかあさんに聞いたの。うんこ、パンツにすることにしてるの。そしたらな、うん、やて」。「それ、めっちゃ、いいやん。パンツにしてくれたら、世話は楽やで。家じゅうを掃除しなくていいやん」。「でもな、それを手で触るさかいな。手を洗わないかん」

　こういう話ができるのはサウナ室だけだと思う。(2023.6.7)

【お茶会】

　サウナ室のヌシは毎週土曜日、自販機コーヒーを振舞ってマダムたちと「お茶会」をしている。「今日、おらへんからお茶会なしかなと言うてはったで」。「大谷の試合を観てたから遅れたんや。今日は盛会やったで、立ち見が出た」。「毎週の恒例やな」。「彦星と織姫みたいなもんや」。「あれは1年に1度や。週1やあらへん。それに織姫沢山おるし」。「そうやな、毎週違う織姫と会うとる。俺が、40か50ぐらいやっ

たら、スケベオヤジと思われるやろけど、もう心配ないな」

　これは「定年クライシス」のひとつの乗り切り方なのかもしれない。

（2023.6.10）

【要注意人物】

　「あの人な、私を嫌っていると思ってたんやけどな、話しかけてきてな、優しい人かなと思った」。「気を付けなあかんよ。心が傷つくさかいな」。「あたしも、そう思って付き合ってたら、しばらくして無視されたんや」。「あたしもそうや。ラインでしつこく連絡あってな。一対一で付き合ったら、他人の悪口をさんざん聞かされるで。みんなで仲良くしようという気持ちがない人なんや」

　う〜ん。経験的に言って、男性よりも女性の方が個別のグループを作りやすいと思う。これはジェンダーなのだろうか。少なくとも、こういう会話は、オヤジたちから聞いたことはない。（2023.6.20）

注
1）この点、詳しくは早川（2003）「第2章　意味論」を参照。
2）この点については、以前、詳論したことがある。私は高みの見物を決めこむような社会学研究には否定的である。自分の生きる場で、その責任をもって語るからこそ社会学者は社会学者として人々に信用されるのではなかろうか。早川（2012）「第7章　社会学的実践」、早川（2020）「第2章　社会学と実証すること」を参照。

参照文献
Weber,M.1972（1921）*Wirtschaft und Gesellschaft,* J.C.Mohr（清水幾太郎訳『社会学の根本概念』岩波文庫、1972年）
Simmel,G. 1922（1908）*Soziologie, Georg Simmel Gesamtausgabe,Bd.11,* Suhrkamp、（居安正訳『社会学（上）』白水社、2018年）
Habermas,J.（1981）*Theorie des kommunikativen Handelns, Band 1 : Handlungsrationalität und gesellschaftliche Rationalisierung; Band 2 : Zur Kritik der funktionalistischen Vernunft,* Suhrkamp（河上倫逸、M.フーブリヒト、平井俊彦訳『コミュニケイション的行為の理論〔上・中・下〕』未來社、1985-1987年）
早川洋行（2003）『ジンメルの社会学理論　現代的解読の試み』世界思想社。
―――（2007）『ドラマとしての住民運動　社会学者がみた栗東産廃処分場問題』社会評論社。

―――― (2012)『虚飾の行政　生活環境主義批判』学文社。

Lyotard,J.F.1998（1979）, *La condition postmoderne*, Paris, Les éditions de Minuit（小林
　康夫訳『ポストモダンの条件』水声社、1986年）

終章　危機に生きるソシアビリテ

この章では、前章で記述してきた地域住民のソシアビリテをあらた
めて社会学的に考察する。社会学には、これまで培ってきた方法論、
すなわち社会事象を考察する際の基本的な見方として、行為論（方法
論的個人主義）、相互作用論（方法論的関係主義）、構造論（方法論的集合主
義）という三つの視座がある[1]。ここでは、これら三つの視座から見た、
新型コロナ禍に見舞われた地方都市で繰り広げられた、このソシアビ
リテの意味を考えてみたい。

1. 行為論（方法論的個人主義）

1.1　主意主義と機能主義

　よく知られているように、M.ウェーバーは、社会的行為の理念型を
4つに設定している。それは目的合理的行為、価値合理的行為、伝統
的行為、感情的行為の4つである[2]。彼は、現実に生起する人間の社会
的行為は、この4つの純粋類型のブレンドとして理解できると考えて
いた。しかし、果たしてそうなのだろうか。

　筆者は社会学を学び始めた当初から、このことに対して疑問だった。
そして今では、このことは確信している。人間の社交性は、この4つ
の類型のどれにも当てはまらないのではないか。個人が他者とかかわ
りを持つ目的や理由は、自分の利益になると考えるからか、自分の信
念に基づくからか、あるいは習慣や気分によってなのだろうか。筆者
は、社会学はウェーバーがみていたとは違う次元、そのより根源的な
次元において「他者との交際を楽しむ」という社交行為を理論的に措
定することが妥当だと考えている。

　この点で、行為を戦略的行為とコミュニケーション的行為の二つ
に分けたJ.ハーバマスの見解は、より我々が見ている現実に迫ってい

る[3]。彼は、人間の行為を個人の利害に基づく行為としての「戦略的行為」と他者との了解を志向する「コミュニケーション的行為」という分類を提起した。この分類を用いれば、多くの社交行為はコミュニケーション的行為とみなすことができる。しかし、彼の理論には限界がある。なぜなら彼は、行為について妥当性要求を掲げる言語行為として限定的にとらえたからである。第2章で記述したいくつかのエピソードに示したとおり、サウナ室では、言説が正しいとか間違っているとかに関わりなく、同じ意味世界を共有することに価値を見出すような、J.F.リオタールがいうところの「物語的知」の世界が展開していた[4]。(2021.1.15) そしてまた、言語を介在しないコミュニケーション、G・ジンメルの言うところの心的相互作用が現出していたのである。(2021.7.3) これらの点で、ハーバマスの行為論も、現実の社交を捉えるうえで十分ではないと言わざるを得ない。

　ウェーバーとハーバマスの行為論は、そのいずれもが行為者の目的という主意主義の観点からのものだが、社交行為を捉える理論として十分だとは言い難い。すなわち、社会学は、いまだ社交行為を的確にとらえる行為論を有していないのである。

　次に本人の意図は別にして、その行為が結果としていかなる働きをしたのかという、機能主義の観点から考えてみよう。ソシアビリテがR.D.パットナムが言うところの社会関係資本として果たしている役割は疑いえない[5]。家の補修や家庭菜園、近所に新しくできたお店の情報等々、サウナ室は、人々が地域社会で生きていくうえで実用的な情報を提供してくれる貴重な源になっている。

　しかし、筆者がむしろ気になったのは、そうした「情報源」としての機能よりも、ソシアビリテがもつ「癒し」という機能である。ここで「癒し」という言葉が内包する意味は多義的である。それは不安の解消、不平・不満のはけ口、自己解放、ストレス発散、娯楽、そして承認欲求の充足という言葉等で表現できる。こうした傾向は、とくに

マダムたちによく当てはまる。彼女たちは、嫁姑関係、介護問題、子や孫に関しての心配、近所付き合いの問題などを度々口にしていた。話をすることとそれを聞いてもらえることの価値は、その相手が単なる情報源であることの価値よりも大きいのではなかろうか。

　いずれにしろ、マッハーとは違って「組織だったり目的をもってはおらず、より自然発生的でまたフレキシブル」な関与に特徴があるシュムーザーが果たしている役割は、私たちが通常思っている以上に大きいと見るべきだろう。

1.2　ジェンダーとコケットリー

　もうひとつの論点はジェンダーである。筆者が観察した特徴的なアクターに注目しての話であるが、ソシアビリテを男女別に考えれば、基本的に言って男性には遠心力、女性には求心力という特徴を指摘できる。それは個人主義と集団主義と言い換えることもできる。

　この3年間の観察において、サウナ室でのおしゃべりを批判する「ジョーカー」は、施設管理の責任者としてそう言わざるを得ないオーナーを除けば、すべて男性であって、女性は一人もいなかった。一方、女性たちは自分たちのイン・グループ（内集団）を形成しようという姿勢を度々見せたのである。もちろん、これは一般的に言えることであって、「サウナ室のヌシ」のように、自分を中心としたグループを組織した男性もいたし、スタジオ内での場所取り等をめぐって女性同士での排斥があったのは確かである。ただし、前者は自分以外の男性を排斥する行為と捉えることもできるし、後者はアウト・グループを作ることでイン・グループを維持しようとしたとも考えられる。

　排斥することで安心を得るのと仲間であることを確認することで安心を得ること。じつは、この二つは結局のところ同じことなのかもしれないのだが、男女間で微妙に異なっているように感じる。

　ところで、ジンメルが「社交」においてとくに注目したのはコケッ

トリー（媚態）であった。マダムのなかには、虫刺されがあるオヤジの背中を触ったり、「セクハラ」「盗撮」を話題に出したりする者がいた。一方、オヤジたちは一様に、マダムがマダムに対して対応するよりも明らかに優しく接していたし、異様なサウナハットを被ってきてマダムたちの歓心を買おうとした者がいた。モモリンとCさんに顕著に見られたこうした行為は明らかに異性を意識したものである。

　ジンメルによれば、男女間におけるこうしたコケットリーにかかわるやり取りは、社交を活性化させる大切な要素である。そして、それは前章で示したいくつかのエピソードからみてもわかるとおり、これはジンメルの時代とまったく同じように、現代のサウナ室においても妥当するように思われる。コケットリーを伴った男女間のソシアビリテは、もしかしたら人間のHuman Nature（人間的本質）にかかわるのかもしれない。この点は、行為論と次に述べる相互作用論（方法論的関係主義）との境界領域である。

2. 相互作用論（方法論的関係主義）

2.1 秩序形成

　サウナ室には、誰もが他者を尊重して行為すべきという了解が存在している。それはジンメルが社交の分析において指摘していたこととまったく変わらない。しかし、他者への配慮の意味は、男性と女性とは多少異なっている。男性の場合は、平穏を保つことが他者への配慮で重要視されるが、女性の場合にはそれが当てはまらないのである。

　面白いデータがある。厚生労働省が行った「平成20年度自殺対策に関する意識調査」によれば、「ストレスの解消法」で男女間に大きな違いがみられた。男性の場合、それは「お酒を飲む（42.1％）」「テレビや映画をみたり、ラジオをきいたりする（37.7％）」「寝る（32.2％）」の順で多かったのに対して、女性は「人と話をする（65.5％）」「買い物

（51.7％)」「食べる（42.6％)」の順で多かった[6]。

　すなわち、女性にとって他者と会話することの価値は、男性よりもはるかに高いのである。そして女性にとっての会話は、そのかなりの部分が、まさに自分のストレス解消を目的としたものであることに注意すべきである。彼女たちにとっての会話は、（2022.6.15）のように、必ずしも他者と議論して何事かの結論を導く目的でなされるとは限らない。度々生じたサウナ室におけるマダムと男性ジョーカーとの戦いは、こうした女性と男性の性向の違いが起因しているとみることができる。

　とはいえ、サウナ室では、「話す」ことを除けば、男性と女性が共同して自主的な秩序形成を行っていることも確かである。「タオルを敷いて座り、出るときには落ちた汗を拭きとる」「必要以上に場所を占領しない」「上席である最上段のスペースは、新参者が座るべきでなく、長く入っている人が優先して座る」といったルールは、サウナ室に集う人々が自主的に守っている事柄である。さらに言えば、「ジョーカーがいないときは、楽しくおしゃべりする」というルールは、スポーツジム側の「黙サウナ しゃべらない」という貼り紙の掲示に明らかに優先している。サウナ室には、それを管理統制しようとするスポーツジム側とは、まったく別の民主的な秩序システムが作動しているのである。

2.2　意味世界と心的相互作用
　サウナ室では、そこに参加する人々によって様々なことが話し合われていた。それは、このスポーツジム内で起きた出来事に限らない。当日スタジオの様子などは当然のこととして、地域社会、新型コロナ、病気、人気テレビドラマ、政治、皇室等々…人々は様々なテーマについて意見交換を行うことで、自分たちの生活世界における意味を形成したり変更したり共有したりしている。人々は、こうして「社会」に参加しているのである。

ただし、ここで注意すべきなのは、こうしたやり取り、サウナ室内でのコミュニケーションは、必ずしも言語を介してなされるものにかぎらないという点である。人々は、他者のしぐさや素振りから、その人は今、機嫌がいいのか悪いのか、元気なのか疲れているのか、笑っているのか怒っているのかを読み取っている。そして、その理解に基づいて次に行う自分の行為を調整している。まさに心的相互作用である。こうした他者への配慮があるからこそ、サウナ室の秩序が保たれていると言うことができるだろう。

　しかし、時たまこうした秩序が乱れることも、もう一つの事実である。この点で自分勝手な発言を繰り返すマダム（2023.2.22）も、「やかましい」と噴火するオヤジ（2020.11.25）も、周囲を気にかけて遠慮するという社交のルールからの逸脱という点では、同様である。しかし、筆者には、それもまたソシアビリテには不可欠なことのように思われる。ジンメルは、社交がたんなる儀礼、空しい形式、居直った紋切型にならないためには「生活のリアリティと結び付けられている糸」がなくてはならないと述べていた[7]。まさにその通りである。こうした波乱はソシアビリテの場をおもしろくさせる。秩序はそれからの逸脱とともに存在している。ソシアビリテは、そういう「生活のリアリティ」を内包することで持続可能なものになっていると言うべきだろう。

3. 構造論（方法論的集合主義）

3.1 地域社会におけるスポーツジム

　新型コロナ禍は、地域社会における人々の活動を委縮させた。例年行われてきたお祭りや自治会総会、敬老会、地域の運動会、公民館活動、PTAなどの行事はもとより、ほとんどの飲食を伴う会合が中止になった。これによって、マッハーの活動が強い制約を受けたのはたしかである。だから都市社会学者たちは、この社会的危機が近代化以降

徐々に弱まって来た地域住民間の紐帯を一層弱めることになるのではないかと危惧した。

　しかし、筆者が経験した限りで言えば、新型コロナ禍が地域のスポーツジムで行われている人々の交流、ソシアビリテに与えた影響は極めて限定的だったと言ってよいと思う。都市社会学者たちは伝統的な地域集団に目を奪われて、地域社会で近年形成されてきている新たなソシアビリテの場とシュム―ザーの姿を見落としていたのではなかろうか。もちろん地域社会においてスポーツジムに通う（通える）階層は限られている。それは比較的裕福な人たちであることは間違いない。だからここでの知見は地域社会に一般化できるものではないことをあらかじめ断っておこう。

　ただし、それでもわが国では、スポーツジム（統計上の用語では「フィットネスクラブ」に分類される）の数は年々増加傾向にある。コロナ禍においても、いったんは会員の減少が起きたもののすぐ回復して増加傾向にある。今日、地域社会における人々の交流の場として、ス

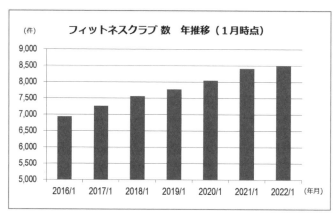

出典　https://www.nipponsoft.co.jp/blog/analysis/green-sports2022/ （2023年9月確認）
注1：売上高、利用者数及び会員数(実数)は、調査対象の追加等により不連続が生じている期間があります。
注2：前年同月比は、リンク係数により連続性を確保した「係数処理済実数」で算出しています。
※ 不連続の期間及びリンク係数については、《 調査の結果 ▶ リンク係数 》をご覧ください。

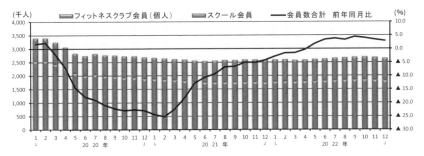

フィットネスクラブの会員数と前年同月比の推移

（出典）
chromeextension://efaidnbmnnnibpcajpcglclefindmkaj/https://www.meti.go.jp/statistics/tyo/
tokusabido/sanko/pdf/hv58_02j.pdf　（2023 年 9 月確認）

ポーツジムは無視できない存在になりつつある。

　そして本書の発見のひとつは、本来私的利益を追求するアソシエーションであるスポーツジムにおいて、これまでと別種の地域コミュニティが生成していることを明らかにしたことだと言ってよい。

3.2　自治会と老人会

　サウナ室の会話からは、自治会や老人会などの伝統的な地域集団の苦境が垣間見えた。その要因は高齢化と娯楽の多様化だと言ってよい。ただし、二つの組織が抱える問題は一様ではない。

　かつて自治会が提供する地域行事、とくにお祭りや運動会等の娯楽は貴重なものだった。しかし、現代では、お金さえ払えば多種多様な娯楽を享受できる。地域行事のために労力を提供することが割に合わなくなってきているのである。そうしたなかで、とくに世代の交替がうまくいかなかった地域の自治会では、住民の高齢化に伴って活動が困難になっている。聞き取った言葉にあるように「80 歳以上、独居、障害者手帳を持っている、の 3 条件」（2022.12.19）を満たす者は役員を免除する、というのはひとつの現実的対応だろう。

　一方、老人会は高齢者が増えているのに参加者が増えない、という

問題を抱えている。これは、老人会の活動が旧態依然のもので、今の高齢者のニーズに合っていないことが原因であると考えられる。現代社会では、老人会以外の場で、いくらでもソシアビリテを楽しむことが可能だし、しかも元気な高齢者も多い。マダムが「そりゃあ、老人会に入るよりも、ここに来た方が楽しい」（2022.8.31）というのは、よくわかる。

　しかし、こうした現実に目をつぶったまま、従来のシステムを維持するだけで、新たなコミュニティ施策を構想しようとしない地方自治体が多いのではないだろうか。筆者はこの際、しっかりとこういう地域住民の声（2023.1.21）に耳を澄まして、現実を直視し、自治体のコミュニティ政策を一新すべき時に来ていると思う。また、それ以前の問題として、行政の広聴機能をもっと充実させるべきである。杓子定規な「アンケート調査」だけが、自治体の広聴活動ではないだろう。地方自治体には、サウナ室で交わされる、こうしたリアルな住民の生の声を聞きとれるような新たな工夫が必要である。

　かつて越智昇は、様々なボランタリー・アソシエーションが、自治会と一定のかかわりを持ちつつも独自の活動を展開していることに注目した。そして、彼も含めて当時の都市社会学者たちは、それがあたかも日本における新たな市民社会の萌芽のように論じたのである[8]。そうしたイデオロギーからある程度自由になった、そしてまた、かつて彼の教え子であった筆者の視点からすれば、当時、ボランタリー・アソシエーションは、地域社会で重要なソシアビリテの場になっていたのではないか、と考える。

　それは聞きとった話のなかにも確認できる（2020.10.30）が、それ以外にも筆者は、スポーツジムにおいて高齢マダムから「ここに来てはる○○さんの奥さんとは昔PTAで一緒やったんや」とか「お宅の近所の△△さんとはママさんバレーをやっていたころからの友達で、今度一緒に旅行へ行くんや」という話を聞いた。1980年代に地域社会やボ

ランタリー・アソシエーションで活動していた人の多くが、今は地域のスポーツジムにやってきている。かつて性別で分断されていたソシアビリテの場が、少なくとも筆者の通ったサウナ室では統合されている。これこそが、あれから40年ほどが経過した、ポスト大衆社会におけるソシアビリテの新しい形態である。

3.3 高齢男性の問題

次に注目すべきなのは、高齢男性の問題である。会社を定年した男性の問題について朝日新聞が2023年4月から6月にかけて「定年クライシス　居場所はどこに」と題して特集している。全12回の見出しは次のとおりである。

「第1回『週3日は外に出て』妻に言われた夫　一駅分の電車賃でつぶす3時間」「第2回『よーく聞いて』年下に注意された元校長　無職は嫌とこだわった末に」「第3回退職後に気づいた夫の人柄　『本当に大っ嫌い』と叫んだ妻のあきらめ」「第4回スケジュール帳は空白、引きこもった75歳　外出へ背中を押した一言」「第5回定年後の『亭主在宅ストレス症候群』　必要なのは夫婦のリフォーム」「第6回畑で効率性を議論する男たち　リタイア組が仲間になった『ひと手間』」「第7回『夫源病』という言葉を使わない理由　定年後に必要な夫婦の自己変革」「第8回子会社役員に見た将来の姿　うつ状態を経て気づいた『こころの定年』」「第9回『俺の飯は？』が恐怖に…定年後の夫との向き合い方、妻たちは考えた」「第10回嫌われない定年後を過ごすために　『定年がない』郷ひろみさんの直言」「第11回「主人在宅ストレス症候群」妻が患わないために　夫の心得『4カ条』」「第12回「『いつか妻に愛想をつかされる日が』定年後の不安、記者も読者も」。

これらの見出しからもわかるように、男性の職場からの定年退職は、本人のそれまでの行為様式に変更を迫るとともに、それまで続いてきた夫婦関係にも変更を迫る。多くの場合、それまで男性たちが生きて

135

きた世界は、第1章で述べた性別年齢別分断社会だったから、彼らがそれまでの生活時間の多くを割いてきた「しごと」の世界を失った後で、その後の人生をいかに過ごすのかというのは、極めて深刻な問題である[9]。

　サウナ室に集うオヤジたちには、いくつかのタイプがある。このうち記事が描く「定年クライシス」に最も近い例は、「サウナ室のヌシ」（Aさん）だろう。彼は、定年後に妻からおにぎりを持たされて休業日を除く毎日、スポーツジムに通っている（2022.6.11）。そこでスタジオで踊り、プールで泳ぎ、それ以外の時間は、マダムたちと「お茶会」をしたり、その他利用者との会話をしたりして楽しんでいる（2023.6.10）。しかし、筆者が彼の口から時おり聞く愚痴は、妻が昔のように自分を扱ってくれないことへの不満である（2021.12.4）。とはいえ彼は、「定年クライシス」で描かれた、電車や公園で時間をつぶすオヤジたちに比べれば、彼にはスポーツジムという「居場所」があることで、まだましである。彼は新たな居場所を得たと言えるかもしれない。

　もう一つの特徴的なタイプは、「ダーリン」である。妻に先立たれた彼はジムにやってきて、プールで泳ぐばかりでなく、サウナ室で度々家事のことをマダムたちに教わっている。マダムたちは、ダーリンを温かく見守ってくれているので、彼にとってサウナ室は気持ちよい場になっているに違いない（2021.7.28）（2022.2.7）。筆者は、高齢者の在宅福祉を地域社会が支えている、という現実を、まさに目のあたりにして理解することができた。

　そしてサウナ室にとって、最も困ったタイプが「男性ジョーカー」たちである。彼らは、おしゃべりを好む女性ジェンダーにまったく不寛容である。だから、女性ばかりか男性からも呆れられている（2020.11.25）（2021.5.28）（2022.5.9）。筆者には、彼らは、男性優位社会に生きることで身につけてきた価値観と行為様式から未だ抜け出せないでいるように見える。わかりやすい例をあげれば、彼らはけっして

「スイーツじぃ」（2021.8.28）のような話をしないのだ。だから、マダムたちとうまくやれていない（2022.12.26）。男性ジョーカーたちは、第一章で論じた性別年齢別分断社会に同調し続け、言わば男女共同参画社会であるサウナ室に適応できていないのである。

3.4 宗教と慣習

　第2章で聞き取った話のなかに、お寺（2023.5.24）や墓（2020.11.25）に関する悩みがあったことを付けくわえておかねばならない。檀家制度、伝統的なイエ制度に下支えされた仏教（寺）の慣習は、今、危機を迎えている。これまでのシステムは、サウナ室の会話からもわかる通り、人々の生活の中で、むしろ桎梏になっていると言っても過言ではない。同じことは、お歳暮、お中元、そして年賀状といった昭和の時代には一般的であった日本人の慣行（2020.12.8）にも言えることである。サウナ室は、そうした人々の本音を吐露する場でもあった。

　おそらく、こうした会話が、様々なソシアビリテの場において何度となく繰り返され続けて、やがて人々の意味世界が変容することで、実際の相互行為も変わってゆく。そして新たな世界、これが人々に当たり前だと言われる、新しい日本の地域社会が生み出されるに違いない。

4. 新しい地域社会のめばえ

　いつの時代にあっても、個人は他者との交際を楽しんできた。しかし、その様相は時代によって変わって来たし、それが生まれる空間も異なっていた。井戸端、銭湯、公民館、酒場、サロン、図書館、こども食堂、そしてスポーツジムのサウナ室。現代社会におけるソシアビリテの特徴は、性別と世代を超えたところにあると言ってよいだろう。

　最後に、今回のサウナ室の会話から聞き取ったことではないが、筆者の、日本の都市社会を考える社会学者としての、将来の展望を記す

ことで本書を締めくくりたい。

　今後、日本の地域社会は異国にルーツをもつ人々が一層増えていくに違いない。筆者が通ったスポーツジムには、もちろんそういう人たちもいたけれども、彼ら彼女らとサウナ室で親しく会話するということは、ほとんどなかった。今後、地域社会のソシアビリテは性別、年齢、そして生まれ育った国や地域の文化の違いを越えて現出していくのかもしれない。今後も目が離せない。

注

1) 詳しくは早川編（2011）を参照。

2) ウェーバー（1972）を参照。

3) ハーバマス（1985-1987）を参照。

4) リオタール（1986）pp.51-62. ギデンズも、ハーバマスに対して同様の点を批判している。ギデンズ（1998）pp.303-336.

5) パットナム（2006）を参照。

6) https://www.mhlw.go.jp/stf/seisakunitsuite/bunya/0000131504.html（2023.7確認）

7) ジンメル（1979）pp.89-90.

8) 越智は、「ボランタリー・アソシエーションは都市化社会における新しい文化創造の視角から問題にされなければならない」として、佐藤慶幸の研究を高く評価しつつ、それが「管理社会に対抗して自立する意義」を指摘している。越智（1990）pp260-265.

9) 夫の退職は妻にも影響する。専業主婦家庭の場合、夫の収入ではなく個人の年金が家計を支えるようになるという変化は、夫婦の権力関係を平等化する方向へ働くと言ってよいように思う。それは「あたし、ここに来て性格が変わったと思うねん」（2023.5.20）というマダムの発言からも推察される。

参照文献

『朝日新聞』https://www.asahi.com/rensai/list.html?id=1797（2023.7確認）

Weber,M.,*Wirtschaft und Gesellschaft*, J.C.Mohr,1972（1921）（清水幾太郎訳『社会学の根本概念』岩波文庫、1972年）

越智昇（1986）「都市における自発的市民活動」『社会学評論』第147号。

───（1990）「ボランタリー・アソシエーションと町内会の文化変容」倉沢進・秋元律郎編『町内会と地域集団』ミネルヴァ書房、pp.240-287.

Giddens,A.（1987）*Social Theory and Modern Sociology*, Polity Press.（藤田弘夫監訳『社会理論と現代社会学』青木書店、1998年）

Simmel,G.（1917）*Grundfragen der Soziologie: Individuum und Gesellschaft*.（清水幾太郎訳

『社会学の根本問題　個人と社会』岩波文庫、1979年）

Habermas,J.（1981）*Theorie des kommunikativen Handelns, Band 1: Handlungsrationalität und gesellschaftliche Rationalisierung; Band 2: Zur Kritik der funktionalistischen Vernunft,* Suhrkamp（河上倫逸、M.フーブリヒト、平井俊彦訳『コミュニケイション的行為の理論〔上・中・下〕』未來社、1985-1987年）

Putnam,R.D.（2000）*Bowling Alone: Revised and Updated: The Collapse and Revival of American Community*（柴内康文訳『孤独なボウリング―米国コミュニティの崩壊と再生』柏書房、2006年）

早川洋行編（2011）『よくわかる社会学史』ミネルヴァ書房。

Lyotard,J.F.1998（1979）*La condition postmoderne* , Paris, Les éditions de Minuit（小林康夫訳『ポストモダンの条件』水声社、1986年）

付論　新型コロナ禍と社会学理論

1. はじめに

　2020年は、世界が新型コロナ禍に見舞われた年として、多くの人々に記憶されることになった。中国武漢市で発生したとされる新型コロナウイルスの存在について、中国が新型コロナウイルスの存在をWHOに報告したのは、2019年12月31日だった。厚労省は1月28日に開いた緊急会見で、新型コロナウイルスで日本人の感染者が初めて確認されたことを明らかにした。感染したのは、バスの運転手で奈良県在住の60代男性。武漢市から来たツアー客を乗せたという。2月になり、多くの感染者を乗せたダイヤモンド・プリンセス号が横浜港に入港して、世間の注目は一気に集まった。しかし、当時これが日本中、そして世界中を震撼させるパンデミックへの序章に過ぎないことを予想していた人は多くはなかったと思う。

　筆者は、メディア論を専門とする友人が、これはパンデミックではなくてインフォデミックであると言ったことを覚えている。世間は大騒ぎし過ぎだという意味だろう。メディア論研究者にとって、自らの身体がウイルスのメディアになるという問題は想定外のことだったに違いない。

　WHOのテドロス事務局長が、新型コロナウイルス感染症（COVID-19）がパンデミックに至っているとの認識を示し、各国に対し一層の対策

強化を求めたのは、3月11日。その後のことは、もはや多くの人がご承知のとおりである。

　2020年は、多くの会議が中止またはオンライン形式になり、卒業式、入学式、送別会、歓迎会、学会大会等々もなくなった。個人的なことを言えば、恩師の逝去に際して企画されていた「偲ぶ会」が中止になったのは痛恨の出来事だった。この事態、すなわち三密（密集・密接・密閉）を避け、「不要不急の外出の自粛」が呼びかけられる日々のなかで、筆者はこの問題を社会学者はどのように意味づけるべきかと考えざるを得なかった。これは、新型コロナ禍が提起した問題について、社会学、そのなかでもとくに筆者の専門とする社会学理論の立場から考察したものである。社会学理論は、この現実をどのように解釈できるのか、そしてこの現実から社会学理論は何を学びうるのかについて論じていきたい。

2. リスク社会と受益圏・受苦圏論

　パンデミックとは、「世界的な大流行」を意味する。感染症の専門家である山本太郎によれば、人類史において「農耕の開始、定住、野生動物の家畜化」が「人類と感染症の関係」の転換点になったという[1]。すなわち、それは人口と人口密度を高め、動物からヒトへの感染機会ばかりでなく、ヒトからヒトへの感染機会を増大させた。そして、その後生まれた近代世界システムという国際分業体制によって、パンデミックが起きる条件が整えられたのである。パンデミックと呼びうる事態は、20世紀になってからをみても、1918-1919年のスペイン風邪、1957-1958年のアジアインフルエンザ、1968-1969年の香港インフルエンザ、2002-2003年に流行した重症急性呼吸器症候群（SARS〈サーズ〉）、2012年に見つかった中東呼吸器症候群（MERS〈マーズ〉）など、度重なって起きている。

　パンデミックによる苦しみは地球大である。筆者が、この事件を受

けてまず思い出したのは、舩橋晴俊と梶田孝道が提唱した受益圏・受苦圏論であった。梶田孝道は、石油コンビナートや新幹線敷設などの地域開発が地元に受苦を与える一方で、国土の広範囲に受益を与えている事実を「受苦圏の局地化と受益圏の広域化」と呼んだ[2]。ところがこの新型コロナ禍は、地域開発の場合とはまさに正反対に受苦圏が広域化している。

　この問題は、むしろU.ベックが「リスク社会」と名付けたものに近い。彼は次のように述べていた。

　　公式化して言えば、貧困は階級的で、スモッグは民主的である。近代化に伴う危険性の拡大によって、自然、健康、食生活などが脅かされることで、社会的な格差や区別は相対的なものになる。このことからさらに、さまざまな結論が導き出される。とはいえ、客観的に見て、危険は、それが及ぶ範囲内で平等に作用し、その影響を受ける人々を平等化する。――（中略）――このことは、近代化に伴う危険の特殊な様式、つまりその特殊な分配の形態を見れば、さらに明らかである。つまり、危険には地球的規模における危険の拡大化傾向が内在しているのである[3]。

　もちろん、こう述べたときにベックが主として念頭においていたのは、酸性雨のような環境問題であった。彼が感染症を世界的なリスクの一つと見なしていたと考えることはできない[4]。科学技術の進展は、人々の生活を豊かにしたが、それはまたリスクも増大させた。便利な生活とは、いつ破裂するかわからない爆弾を次々と作り出していっていることで可能になっているようなものだ。彼はそう主張したのである。

　ただし彼の主張には限界があった。彼は、自然災害のようにどの時代にもあった危険（danger）と近代社会が抱え込むことになったリスク

（risk）がどう違うのかという点をあいまいにしたのだ。後に、この点を明確化して議論を先に進めたのは、イギリスの社会学者A.ギデンズである。ギデンズは、危険とは所与のものであるのに対して、リスクは支配しようとしたものだとして区別して、近代社会の困難は、そのリスクのうちでも工場生産されたリスクが増大していることだと指摘したのである[5]。

　今になっても新型コロナウイルスが、最初どこから市中に拡散したのかはわかっていない。巷間言われているように武漢市の「中国科学院武漢病毒研究所」から漏出したものであるのなら、このパンデミックもまた一つの「工場生産されたリスク」であるかもしれない。しかし、たとえそうでなくても、現在人間たちはこの新型コロナウイルスをコントロールしようとして取り組んでいるのだから、新型コロナウイルスへの感染問題は、間違いなくリスクの一つになっているということができよう。

　ところで環境社会学のなかで、ベックのリスク社会論が必ずしも全面的に受け入れられていないことはよく知られている。一部の環境社会学者は、危険が平等化しているというのはでまかせだと考えている。「環境レイシズム」の主張は、その代表的なものである。

　たとえば、地球規模の気候変動によって深刻な干ばつや洪水の影響を受けたり、ハリケーンやサイクロンによって自宅が損壊したりする可能性が高いのは、非白人である。また環境問題は先進国よりも、発展途上国の人々に深刻な打撃を与えている。そして一国内においても、マジョリティではなくてマイノリティであるエスニシティ集団を危機に陥れているのである[6]。

　この主張は、新型コロナ禍問題を考えるうえでも示唆的である。アメリカでは、新型コロナウイルス感染症による死亡率が黒人とヒスパニック系の人々のあいだで顕著に確認されているし、イギリスの黒人およびマイノリティのコミュニティでも、同様の調査結果が出ている

という。そうだとするならば、リスク社会論は修正されなければならないのではなかろうか。すなわち、近代社会はリスクを広域化させたけれども、リスクを平等に配分したのではないと考えるべきである。リスクは不平等に分配されている。では、新型コロナウイルスがもたらしたリスクは、どのような人々に、より大きなリスクをもたらしたのだろうか。この点が問われなければならない。

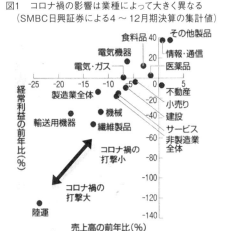

図1　コロナ禍の影響は業種によって大きく異なる
（SMBC日興証券による4〜12月期決算の集計値）

出典：朝日新聞2021年2月23日

　アメリカの哲学者でありフェミニストでもあるジュディス・バトラーは「パンデミックは資本主義とその組織的不平等に抗する闘争、地球の破壊、植民地支配と暴力、ホームレス、投獄者、女性、クィア、トランスジェンダーの人々、そしてその生が重要視されないすべての人々の権利に対する闘争を激化させている」と述べた[7]。さいわいにも日本においては、こうした現象は、少なくともまだ顕在化していない。

　とはいえ新型コロナ禍が、幸福と不幸を不平等に分配したのは事実である。産業社会を見渡せば、新型コロナ禍が、鉄道・観光・飲食などの分野の産業に大きなダメージを与えたのは言うまでもない。しかし、一方で、宅配・家電・通販などの分野の産業は、いわゆる「巣ごもり需要」によって大きな恩恵を受けている。マスメディアのなかでもとくにテレビは、人々の心情に訴えることを得意とするためか前者のことを報道しがちであるが、後者のことも見逃すべきではないだろう。両分野はトレードオフの関係にある。新型コロナ禍が産業社会に

与えた影響は両義的である。

　次に「都市と地方」の観点でみてみよう。自明のことであるが、新型コロナ禍が直撃したのは都市部であった。2021年になって2回目の緊急事態宣言が出たのは、首都圏（東京・神奈川・埼玉・千葉・栃木）、中京圏（愛知・岐阜）、関西圏（大阪・京都・兵庫）と北九州の福岡だった。『都市と国家—都市社会学を越えて』『都市と権力—飢餓と飽食の歴史社会学』『都市の論理—権力はなぜ都市を必要とするか』など、歴史社会学の手法を駆使した都市の本質に迫る一連の本を著した藤田弘夫は、都市には「都市形成の論理」と「都市解体の論理」が拮抗しているという。「都市形成の論理」とは、政治、宗教、経済の三つであり、権力の中枢として都市の繁栄を生み出すものである。また「都市解体の論理」とは、疾病、災害、水・食糧であり、いずれも人間の大規模密集によって生まれる危険である。なかでも藤田が都市解体の論理の一番初めにあげたのは疾病であった[8]。

　彼の見立て通り、新型コロナ禍は少なくとも短期間で見た場合、都市を解体させる方向へ作用している。リモートワークの普及による地方移住や仕事や観光を理由にした都市への移動の減少がそれである。一方、都市は権力の中枢であるから、都市が解体することを食い止めようとする。

　非常事態宣言に伴う苦境を救うために日本政府は、事業者に補助金を出したが、それに対して非常事態宣言を出さずに感染を抑え込んでいる地方からは、不公平だと不満の声があがった。新聞によれば、島根県知事は「大都市では国費の措置を受けて休業の協力金があるが、島根などの店には政府の支援がなく厳しい。不公平な状況だ」と主張した。そして、この発言に対して、鳥取県や山口県の知事も理解を示したという[9]。しかし、政府の施策が国民全体の福祉ではなく都市の維持を目的にしたものだとすれば、理解できなくもなかろう。藤田は、次のように述べていた。

図2　都市形成の力と解体の力の拮抗図

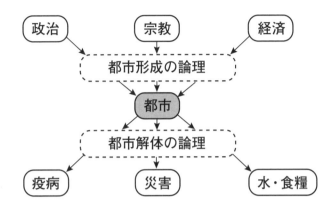

出典：藤田弘夫・西原和久編『権力からよみとく現代人の社会学・入門』有斐閣アルマ、p.92.

　もし、都市の民衆が飢餓に陥ると、彼らのエネルギーは食糧分配機構の告発に向けられる。つまり、都市の飢餓は「社会問題」となりやすいのである。人びとは「乏しきを憂えず、均しからざるを憂う」（論語）ものである。かれらは都市の権力機構や流通機構の不備を指摘するとともに、ときにはそれらを「正義」の名のもとに転覆させようとすらした。窮地におよんで都市の民衆の作り出す権力は、国家にとって、いつ突き刺さるとも知れない＜喉もとの剣＞だった。したがって、国家は何としてでも、都市の住民だけは、食べさせていかなければならなかったのである[10]。

　新型コロナ禍は、かつて藤田が述べていたことが実証された経験でもあった。まさしく都市は権力なのである。

3. 経営システムと支配システム

　新型コロナ禍に関する議論を俯瞰すると、論者によって経営システムとして論じているものと支配システムとして論じているものとの2

通りがあるように思う。経営システムと支配システムというのは、舩橋晴俊が作り出した概念であり、彼はそれを次のように説明している。

　組織を経営システムとして把握するということは、組織が自己の存続のために達成し続けることが必要な経営課題群を、有限な資源を使って充足するにあたり、どのような構成原理や作動原理に基づいているかという視点から、組織内の諸現象を捉えることである。他方、組織を支配システムとして把握するということは、組織が政治システム及び閉鎖的受益圏の階層構造に関して、どのような構成原理や作動原理を持っているのかという観点から、組織内の諸現象を捉えることである[11]。

　彼は、また「どちらの契機に注目するかによって、同一の事象がまったく異なる姿をもってたち現れる」と述べた[12]。
　まず経営システムの観点について述べよう。
　先に緊急事態宣言を出した地域（都市）に手厚い補助金を出すことに対してそうでない地域（地方）から批判の声があがったことを指摘したが、この場合、批判される側も批判する側も、経営システムの立場で論じていることに変わりはない。しかし、両者は想定している組織、すなわちシステムのレベルが異なっている。この議論は、都市としての合理性に対して、国家としての合理性を対置したものとして解釈できる。
　この点で、島根県知事が先の発言の際に、五輪の聖火リレーを中止することも検討すると表明したことは理にかなっている。島根県の経営システムを考えれば、東京で行われる国家的イベントであるオリンピック・パラリンピックに予算を支出する合理性はたしかに薄いのであって、国家的な合理性を軽視することへの重要な問題提起と考えられる。そして、そうであるならば、この主張は支配システムの観点に

限りなく接近してくる。

　緊急事態宣言下での補償をめぐっては、都市の内部からも批判の声が聞こえた。休業や時短営業を受け入れた飲食事業者に対して、協力金が支払われたにもかかわらず、そうした飲食業者に食材やおしぼりなどの営業用品を納入している業者、そしてそれらを生産している業者、あるいはそこでアルバイトをしている学生や非正規労働者に対しては恩恵が及ばないことへの不満の声である。

　この問題にたいして、筆者は、飯島伸子の被害構造論の主張を思い出した。よく知られているように、飯島は、公害病患者が被る被害とは、病になること、つまりたんに身体的な被害だと考えることは、まったく誤りなのであって、問題を正確にとらえるためには、病気になることで、経済的に困窮したり、家庭不和が起きたり、社会関係上の支障が生じたり、連鎖的に起きる様々な出来事を総体的にとらえて「被害構造」を明らかにすることが重要だと論じた。新型コロナ禍は、公害病ではないけれども飲食事業者が立ち行かなくなることで、それ

図3　環境問題と被害のメカニズム

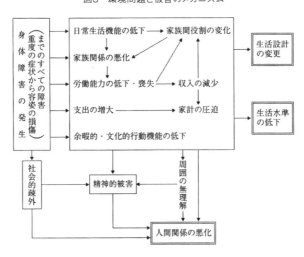

出典：飯島伸子編『環境社会学』有斐閣、1993年、p.92.

に関連する業種や人間に連鎖的に被害が拡大していくことの全体を視野に入れて対応すべきではないかという主張は、かつて被害構造論が提起したものに、とてもよく似ている[13]。

　ところで、筆者は以前、飯島の被害構造論を高く評価しつつも、その欠点を指摘したことがある。筆者が指摘した飯島の被害構造論の欠点とは、構造-機能主義一般によく言われることでもあるが、予定調和の考えである点である。すなわち、彼女はシステム内で発生する出来事をすべてマイナスのインパクトとしてとらえる。それゆえ被害の連鎖が続くのであるが、現実には必ずしもそうではなく、公害が発生後には、被害を受けた住民に対する支援の輪が広まったり、政策の転換が起きたり、あらたな技術革新が進んだりすることがある。この理論は、そのことを正しくとらえることができない。すなわち被害構造論は、システム内で発生する出来事がプラスのインパクトにもなりえることを見落としているのである[14]。

　システム内の出来事はプラスインパクトにもなりえる、という視点を組み込んで、この新型コロナ禍を考えてみると、公害事件と同様な連鎖が生まれていることが確認できる。先に、産業社会において苦境に陥った業種もあれば、逆に潤うことになった業種もあることを指摘したが、たとえば多様なマスクや除菌製品・設備が開発され、対面ではなくオンラインでできる仕事の領域は広がり、食物や弁当の配達が広まり、これまで慣習として続いてきた必要性が疑問な規制（捺印の義務等）の見直しが起きた。新型コロナ禍は、システム内にマイナスインパクトの出来事と同時にプラスインパクトの出来事を生み出している。

　感染症に対峙する経営システムのもう一つの問題は、人々の生活世界と行政管轄枠との齟齬に由来している。社会学において、人々が日常暮らしている地域である自然村と統治の単位として作られた行政村が異なるという指摘は古典的なものである。この相違は今日でも継続

している。人々はそれぞれ日々の暮らしのなかで、深く交流する生活圏を持っているが、それと行政の統治範囲である都道府県市町村はまったく別物である。それは、感染者拡大によって東京都に非常事態宣言が出されたとしても、銀座や新宿などの繁華街と小笠原諸島を同列に扱うことが合理的でないことを考えれば明らかであろう。

　経営システムは、そうした人々の生活世界の差異を捨象しがちである。同様なことは、生活圏の広域化の問題として、東京都と神奈川県、千葉県、埼玉県を一体で考えるべきだとか、大阪府、京都府、兵庫県を一体のものとして考えるべきだという主張にも通じている。感染症には国境も含めて経営システムの境界がない。しかし、それで人々の暮らしを守れるのだろうか。そして、新型コロナ禍は、平成の時代になって「行政の効率化」という名のもとに進められてきた市町村合併や保健所等諸施設の統合再編の問題も含めて、今の日本の経営システムが適切であるかどうかという問題をあらためて問うている。

図4　保健所総数の推移

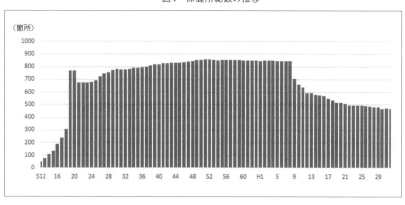

出典：全国保健所長会　http://www.phcd.jp/03/HCsuii/　（2021年4月確認）

　次に支配システムの観点について述べよう。

　先にジュディス・バトラーの言葉を紹介したが、彼女の主張はまさに支配システムの観点から新型コロナ禍をとらえるものに他ならない。

彼女は次のようにも述べている。

　ホームレスの人々、住居を持たずに生活している人々、あるいは
仮設の避難所しかない人々、法によりすし詰め状態の建物に避難す
るしかない人々は、社会的距離を保つことができず、ウイルスの感
染を防ぐ永続的で安全な避難所に頼ることができない。これは、不
平等デジタルなの形態、不均衡にリスクにさらされる形態に過ぎな
い。良質な保健医療へのアクセスを奪われた人々はウイルスが免疫
力低下につながる持病と遭遇する可能性がある[15]。

　またイタリアの哲学者ジョルジョ・アガンベンは、新型コロナ禍を
支配者による統治の好機としてとらえているようである。彼は述べる。

　統治者たちが、この措置によって引き起こされようとしている当
の恐怖によって措置を強いられたということもありえはする。だが、
この措置によって作り出される状況がちょうど、筆者たちを統治し
ている者が幾度も実現しようとしてきた当の状況だということを考
えないでいるのは難しい。その状況とはすなわち、大学や学校がこ
れを限りと閉鎖され、授業がオンラインだけでおこなわれ、政治的
もしくは文化的な話をする集会が中止され、デジタルなメッセージ
だけが交わされ、いたるところで機械が人々のあいだのあらゆる接
触—あらゆる感染—の代わりとなりうる、という状況である[16]。

　心配なのは現在のことだけではない。もっと心配なのはこの後の
ことである。これまでの戦争は有刺鉄線から原子力発電所に至る一
連の不吉なテクノロジーを、平和に対して遺産として遺してきた。
それと同じように、衛生上の非常事態が終わった後にもしかじかの
実験が続けられるというのはありそうなことである[17]。

二人の懸念は、日本人が日本社会に対して抱く不安と共通している。ただし、そのままではなくて日本的な偏向を伴って表出しているというべきだろう。

　バトラーの懸念は、簡単に言えば、新型コロナ禍は社会的弱者の苦境をより鮮明にする、というものだったが、日本においてはむしろ社会的強者への批判として現出していると言ってよいだろう。緊急宣言下において複数の与党政治家が夜に会食をしていたことが判明し、辞職や離党に追い込まれた。また、新型コロナウイルスに感染した政治家（石原伸晃自民党元幹事長）が、発熱や咳などの症状が出ていないにもかかわらず入院できたことに疑念の声があがった。現代社会論を論じる社会学者、小谷敏は、日本を「ジェラシーが支配する国」と呼んだが、日本社会において新型コロナ禍は社会的弱者へ目を向けさせる契機というよりも社会的強者へのジェラシーを掻き立てる契機として機能しているのかもしれない[18]。そうした社会的強者を揶揄する言葉である「上級国民」というインターネット・スラングは、まさにそのことを象徴している。

　アガンベンの懸念は、権力が発動されることによって、機械的で平板な生活が人間同士の多様で豊かな関係性にとって代わる可能性を危惧するものであるが、日本において、それは監視社会に対する危険として提起されているように思われる。社会学において監視社会論は、かつてジョージ・オーウェルが『1984年』で描いたような国家による国民の監視という視点から、ビッグデータの活用という言葉でしばしば語られるような、民間によるビジネスチャンスの問題としてとらえ返されてきた。カナダの社会学者デイヴィッド・ライアンの『監視社会』は、まさにそれを論じたものであった[19]。

　ところが、新型コロナ禍はそれを再び反転させた。日本政府は2020年7月17日、「世界最先端デジタル国家創造宣言・官民データ活用推進

基本計画」の変更を閣議決定した。その冒頭は「新型コロナウイルス感染拡大の阻止、デジタル強靱化社会の実現」となっている。政府が新型コロナ禍をIT化の好機としてとらえて、「デジタル国家」作りを推し進めようとしているのはたしかであろう。それは政府がマイナンバーカードをワクチン接種記録に活用しようとしていることに止まらない。これまでの公的認証や税金徴収に対する機能を越えて、金融機関の口座、健康保険、チケット購入、学業成績、そしてスマートフォンのデータと結びつけることで、様々なデータを一元化することが構想されている。これは国家が個人の生活一般を把握することを可能にするものであり、国家による個人のプライバシー侵害のみならずデータ漏洩の危険等もあって不安視する人も多い。新型コロナ禍は、いったんは鎮静化していた国家主体の監視社会の問題をあらためて顕在化させたと言えるだろう。

4. メディアと科学システム

　舩橋晴俊は、環境問題を経営システムと支配システムの問題としてとらえた。このアイディアは、社会問題をめぐってのアクター間の対立を理解するうえで、たしかに一定有効なものである。しかしながら筆者は、自分自身、地元で起きた産廃処分場問題に直面し、それを考察するなかで、これら二つのシステムには収まり切れないものがあることに気づいていた。それは、実質的には筆者自身が『ドラマとしての住民運動　社会学者がみた栗東産廃処分場問題』と『虚飾の行政　生活環境主義批判』に書いていたことだったのだけれども、理論的に彫琢することなく、放置していたことでもあった。今回の新型コロナウイルス禍は、そのことに気づかせてくれる契機になった。それはメディアと科学システムという二つの問題である。

　まずメディアの問題について述べることにしよう。社会に重大な事件が起きたときに、その事件の価値と解釈の方向性を決めるうえで、

メディアが取り上げるか否かと、そして取り上げるとしたらどのように取り上げるのか、ということが極めて重要であることは論を俟たない。

　筆者は、地域社会に起きた産廃処分場をめぐる問題について、『ドラマとしての住民運動　社会学者がみた栗東産廃処分場問題』のなかで、新聞社ごとの報道について記事類型を作って、何回どのように報じたのかを分析した[20]。その際、マスメディアのなかでも新聞を分析対象に選んだのは、新聞が何よりこの事件をもっともよく取り上げてくれていたからである。これは住民運動が地域社会の問題であり、視覚より論述によって伝達するのに適した事件であったことによっている。一方、今回の新型コロナ禍は、これとは大きく異なっていた。この事件は、全国的であると同時に国際的な問題であり、グラフや映像によって伝えるのに適した事件であり、そしてメディアには日々の感性者数や政治家や芸能人への感染等の情報について速報性も要求されたのである。

　この点に関連して、マス・コミュニケーションを研究する大石裕は、「『コロナ危機』に関しては、メディアの報道についてもいろいろと考えさせられることがあります。テレビ、新聞等のいわゆる従来型のマスメディアの報道とSNSなどのソーシャルメディアの発信が入り組んだ形で人々に影響を与えている。とりわけ、今回ニュースが「コロナ報道」一色ということで、いい意味でも悪い意味でもテレビが復権している、という印象を筆者は持っています」と述べているが、「テレビの復権」は、新型コロナ禍という事件がテレビのメディア特性に合致した事件だったからだと言えるだろう[21]。

　テレビの新型コロナ禍報道については、管見の限りであるが、すでにセンセーショナリズムを指摘する意見や対応についての政治家への責任追及が甘いとする意見が存在する[22]。しかしそれらは、なにもこの事件に限ったことではないだろう。筆者がむしろ注目したのは、テ

レビに登場する医療関係者が果たした役割である。そこで筆者は、テレビデータを分析する専門会社である株式会社エム・データへ依頼して、2020年に新型コロナ禍にかかわって、テレビに登場した医療関係者の数と回数を調べてもらった。結果は次のとおりである。

表1　新型コロナウィルス関連での医療従事者 TV 登場回数

年月	TV 番組に登場した医療従事者の人数	医療従事者の TV 番組登場回数（番組数）
2020年1月	93人	466回
2020年2月	217人	1448回
2020年3月	290人	1741回
2020年4月	563人	2868回
2020年5月	542人	2176回
2020年6月	425人	1434回
2020年7月	358人	2032回
2020年8月	360人	1670回
2020年9月	238人	686回
2020年10月	206人	646回
2020年11月	314人	1946回
2020年12月	449人	2447回

TV 番組に登場した医療従事者の人数（2020年間）	2186人

※調査期間：2020年1月～12月
※調査局：関東地上波テレビ（NHK 総合、E テレ、NTV、EX、TBS、TX、CX の7局）
※調査対象：新型コロナウィルス関連の話題において、TV 番組へのスタジオ出演や VTR 出演、
　TV 番組でのコメント、発言の紹介、会見の紹介などで登場した医療従事者・医療関係者。
（海外の医療従事者、保健所職員、自治体職員は対象外）

　2020年の1年間実数で2000人を超える医療関係者が出演している。そして、月ごとにみると、出演が、とくに4月・5月、7月、11月・12月の三つの時期に増えていることがわかる。これは、国内感染者数の上昇局面、いわゆる第1波、第2波、第3波と重なっている。すなわち、社会的危機に直面したときに、テレビは医療関係者に出演を求めてこの事態を解釈するとともに、進むべき方向性について助言を求めたのである。そのことは何を意味するのか。次の問題として、今回医療関係者が果たした役割の意味について社会学的に考えてみたい。それは、社会における科学システムの問題と呼ぶこともできる。

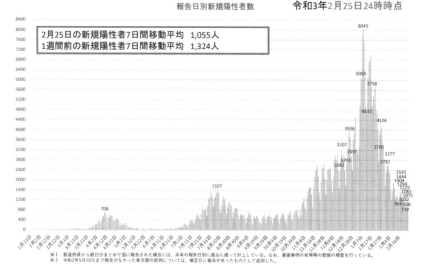

図5　新型コロナウイルス感染症の国内発生動向

報告日別新規陽性者数　　　　　令和3年2月25日24時点

2月25日の新規陽性者7日間移動平均　1,055人
1週間前の新規陽性者7日間移動平均　1,324人

※1　都道府県から数日分まとめて国に報告された場合には、本来の報告期日に遡って計上している。なお、重複事例の有無等の数値の精査を行っている。
※2　令和2年5月10日まで報告がなかった東京都の症例については、確定日に報告があったものとして追加した。

出典：厚生労働省 https://www.mhlw.go.jp/content/10906000/000745718.pdf
　　　（2021年4月確認）

　じつは、この科学システムの問題も拙著『虚飾の行政　生活環境主義批判』のなかで論じていた事柄である。この事件は、産業廃棄物処分場で行われた違法投棄問題であるが、本書において筆者は、処分場の実体解明と環境復原の方法を審議する過程で廃棄物にかかわる専門家が担った役割について批判的に考察した。筆者には、新型コロナ禍のなかで医療関係者が果たしている役割が、そのときの廃棄物問題にかかわった専門家たちの姿と重なってみえたのである。

　舩橋の経営システム・支配システムの理論は、社会的問題をこれら二つの観点でとらえる理論であった。しかし、実際には、当該の社会問題を専門に研究してきた「専門家」がいて、彼らが重要な役割を果たすことが多いのではなかろうか。舩橋がまとめた経営システムと支配システムの対照表に科学システムを加えてまとめたのが次の表で

表2　経営システム・支配システム・科学システムの特徴対比

特徴として注目する点	経営システム	支配システム	科学システム
主体何を表す基礎概念は何か	統宰者←→被統宰者	支配者←→被支配者	研究対象←→研究者
それぞれのシステムを認識する際の主要テーマ	どのようなやり方で経営課題群の継続的充足が行われているか(手段、技術、経営方針、など)。	どのようなやり方で集合的意思決定がなされているか(両階層の決定権・発言権、交渉や闘争、力関係等)。どのような正負の財の分配構造があるか(受益圏と受苦圏の構成のされ方)。	どのようなやり方で事象を把握すべきか、問題を解決できるか、何が解決を妨げているのか。
当事者にとって、どのような形で解決すべき問題が立ち現れるか	経営問題　被圧迫問題の解決、とりわけ、経営困難や経営危機の打開	支配者にとって　：支配問題 被支配者にとって：被格差問題、被排除問題、被支配問題	事象の拡大と縮小、発生と継続と消滅、因果連関の蓋然性。
当事者にとって実践的関心の焦点となることは何か	経営能力の向上と、それを通じてのより豊富な財の享受。	支配者にとって：政治システムの秩序の維持。自分から見て「適正な」分配原則の維持 被支配者にとって：政治システムにおける決定権の拡大。財分配格差の撤廃、負の財の押し付けの除去。	事象の制御
当事者は、それぞれの抱く理念をどのような代表的な言葉によって表現するか　よって表現するか	効率性、成長、発展、拡大、健全経営	支配者側：法と秩序、経営責任、等 被支配者　：自由、平等、公正、民主化、差別の撤廃、抑圧からの解放、等	合理性
当事者にとって、(稀少性 scarcity)がどのようなかたちで問題化するのか	経営課題群の達成のための手段的資源の有限性や不足。	欲求充足機会　(消費的=目的的な財)の稀少性 支配者的地位 (特権的受益と特権的決定権を有する地位)の稀少性	対象データへの接近可能性
当事者にとって相剋性がどのようなかたちで立ち現れるか	複数の経営課題間の択一的競合(トレードオフ)に由来するサブシステム間の最適化努力の相剋	決定権の分配と財の分配を内めぐる　階層間の(閉鎖的受益圏の内外での)利害対立。対立。	対象への影響力の多寡。影響力行使のための短期的局面における妥協の必要性。
当事者が他の主体を批判する際の主要な批判基準はどういうものか	より最適な経営方法は何か より目的合理的な手段は何か。	より適正な財の分配のあり方とは何か。より公正な決定権や発言権のあり方とは何か。	事象の制御にとって適切か否か
非日常性もしくは流動化をどのような言葉で表すか	動態化	情況化	正常・異常

ある[23]。

　科学システムには、経営システムと支配システムとは一定の距離を
とって発言することが期待されている。その主体は「専門家」と呼ば
れる。彼らは、経営システムとして社会を考える政治家や官僚に対し
て政策に関する提言を行うとともに、支配システムとして社会を考え
る一般人に対して起きている事象を解説して見せて、それに対処すべ
き方策を伝授する。専門家が専門家としてこのようなマージナルな地
位を保持できるのは、経営システムからも支配システムからも独立し
た世界に生きていることが欠かせない。こうした独特な科学の世界
について、初めて社会学的考察を行ったのは、アメリカの社会学者
R.K.マートンであった。彼以来、社会学は社会のなかで科学が果たす
役割について研究を蓄積させてきた。それは科学社会学と呼ばれてい
る。

　ここで、マートン以来の科学社会学における議論を振り返っておく
のは有意義なことに違いない。マートンは科学が社会のなかで独自の
世界を形作る要因として「科学のエートス」に注目する。彼はそれに
ついて次のように説明している。

　　科学のエートスとは、科学者を拘束していると思われるいろいろ
　な規則、きまり、道徳的慣習、信念、価値、前提よりなる、情緒的
　色彩を帯びた複合体である。この複合体のある局面は科学の方法と
　いう点からみて望ましいかもしれないが、規則の遵守を必至ならし
　めるものは単に方法論上の配慮だけではない。このエートスは、あ
　らゆる社会的綱領と同じく、これが適用される人々の感情によって
　支えられている。エートスの侵犯が抑えられるのは、同じ内面化し
　た抑制やエートスの支持者たちが示す感情的な非難の反作用によっ
　てである。一度この種の有効なエートスが生ずると憤懣や侮蔑やそ
　の他の反感を示す態度が自動的に働いて、既存の構造を安定化す

る[24]。

　彼は、この科学のエートスを「普遍主義」「公有性」「利害の超越」「系統的な懐疑主義」の4つの構成要素として示した。順に説明しよう。普遍主義とは、科学者の個人的あるいは社会的な属性にかかわりなく、主張された事柄の妥当性によって評価されるべきであるということである。公有性とは、科学の知見は個人的なものではなくて社会的協働の所産であり、成果は共同体に帰属すべきであるということである。利害の超越とは、科学的研究は専門家仲間の厳しい検証を経て承認されるべきであるということである。そして、系統的な懐疑主義とは、安易な判断をせず経験と論理的基準に照らして吟味をしなければならない、ということである[25]。

　物理学者J.ザイマンは、後にマートンのこの4つの科学のエートスを少し改変して、CUDOSとして簡潔に定式化した[26]。

①公有主義　Communalism　科学は共同的事業であり、研究結果はできる限り早い機会に公にされるべきである。
②普遍主義　Universalism　科学的事業への参加は、人種・宗教・国籍・その他の所属にかかわらずすべての有能な人物に開かれるべきである。
③無筆者性　Disinterestedness　科学者は自らの結果を、あたかもその受容に筆者的利害が存在しないかのように、不偏的に提出すべきである。
④独創性　Originality　研究主張は新しいものでなければならない。以前に出版された研究の模倣は受け入れられない。
⑤懐疑主義　Scepticism　すべての研究主張は批判的な精査と検証を受けるべきである。

ザイマンは、このようなアカデミックな「科学のエートス」は、科学が科学技術政策に組み込まれ、産業化されていくにつれて変質していくという。そして産業科学にあっては、栄誉に導かれたCUDOSに代わって職に導かれたPLACEという原則が生まれるとした。それは次のようなものである[27]。

①私有的　Proprietary 産業科学は必ずしも公開を必要としない知識を生産する。
②局所的　Local 産業科学は一般的な理解ではなく局所的な技術問題に焦点を絞る。
③権力主義的　Authoritarian 企業の研究者は個人としてではなく管理的な権力主義のもとで行動する。
④請負的　Commissioned 研究は知識の追究のためではなくて実用目的の達成のために行われる。
⑤専門的　Expert 研究者は個人的な創造力のためではなく専門的問題解決者として雇用される。

　社会に新型コロナウイルス感染症が蔓延するなかで、どのように対応すればよいのか、多くの人々は感染症研究を中心とした専門家による科学システムに期待した。しかし、その際、気をつけなければならないのは、今日の科学システムの多くが、マートンが論じたアカデミック科学ではなくて産業科学に属していることではなかったか。
　筆者は、かつて『虚飾の行政　生活環境主義批判』において、産廃処分場の改善工事を審議する諮問委員会に委員として参加した、自然科学系の専門家の何人かが、実際の会議ではろくに発言をしなかったにもかかわらず、最後には行政側が出してきた改善工事案を支持したことなどを批判的に考察した[28]。こうした専門家の態度は、けっして筆者が体験したこの事例に限ったものではない。

建築学者、早川和男は審議会に委員として参加する学者のなかには「権力に迎合する学者たち」がいると述べている。彼らには、行政の提案を支持し権威づける「行政権力出張型」、行政の代弁者である「権力迎合型」、審議会委員を名誉だと考えて資料収集に強い関心を示す「行政追随型」、会議では沈黙して結果的に行政の言いなりになる「沈黙型」という4つのタイプがあるという[29]。

　科学システムのなかにこのような存在が現れてくるのは、ザイマンが指摘したPLACEのうちの、④権力主義的⑤請負的という二つの特徴によると言ってよいだろう。端的に言ってしまえば、現代の学者はサラリーマンなのだ。彼らは依頼された範囲で、自らがおかれた権力的な拘束のなかで、なるべく効率よく立ち振る舞おうとする。

　振り返って、新型コロナ禍におかれた専門家たちのことを考えてみる。彼らは、行政のみならず、テレビ局などのマスメディアあるいは政党に頼まれて発言を求められる。そこには明示的暗示的を問わず、このような発言をしてほしい、という一定の役割期待が働く。専門家はそれを自覚するかしないかにかかわらず、その影響を受けざるを得ない。はたして今回2000人を超える医療関係者はどうだったのだろうか。

　人々は、そのバイアスを含んで彼らの言葉を理解しなければならないし、専門家には、そうした影響に抗してでも「科学のエートス」を守れるかが問われているのである[30]。

5. マシュマロ・テストと信頼

　新型コロナ禍は、人々に様々な自粛を要請した。最初それは不要不急の外出をしないことや手洗いの徹底を呼びかける程度のものだったが、5月になると厚生労働省が「新しい生活様式」として包括的な感染予防対策を提唱するに至った。

　とりわけマスクの着用では、国によって対応に差が出た。日本人は、

もともとマスクを着用する習慣があったため、わりとすんなり受け入れられたが、そうした習慣のない欧米諸国では当初呼びかけに従わない人が多かった。アメリカのトランプ大統領（当時）が初めてマスクをつけて登場した際にはニュースになったほどである。

　誰であってもこれまで当たり前だったことができなくなったり、自らの自由を制限されたりするのはうれしいことではない。しかしそれでも自らの欲求を我慢するのは、今の我慢が将来の恩恵につながると考えるからである。

　社会心理学に「マシュマロ・テスト」という有名な実験がある。幼児にマシュマロ1個をただちにもらうか一人きりで最長20分待ってマシュマロ2個をもらうかを選ばせるというものである。マシュマロの脇には卓上ベルがおいてあり、いつでも研究者を呼び出し、1個の方のマシュマロを食べることができる。だが、研究者が戻るまで待ち、それまで席を離れたりマシュマロを食べ始めたりしなければ2個もらえるというゲームである。

　この実験を行ったW.ミッシェルによれば、我慢できた子ども、すなわち自分の欲求を自制できた子どものほうが、そうでなかった子どもよりも大学進学適性試験の点数が高く、社会的・認知的機能の評価が高く、肥満の度合いが低かったという。自制力がある子どものほうが成功の確率が高いというこの実験結果は、それはそれで興味深い事実であるけれども、筆者がとくに注目したのはミッシェルが次のように述べている個所である。

　あまりに多くの人が幼年時代から、信頼のできない、当てにならない世界で生きている。そういう世界では、より大きな報酬を先延ばしにしたかたちで約束されても、その約束はけっして守られない。こうした背景を考えれば、何であれ目の前にあるものをさっさと手に入れずに待っても、ほとんど意味がない。約束を守らない人

と接してきた未就学児は、驚くまでもないが、ただちにマシュマロ1個をもらわずにあとで2個もらおうとする率がはるかに低い。このような常識的な見通しは、実験によって、とうの昔に裏づけを得ている。人は、先延ばしにした報酬がもらえるとは思っていないとき、合理的に行動し、その報酬を待たないことが立証されているのだ[31]。

このことは、何を意味するのか。人間の欲求の自制には、そのゲームシステムにかかわる他者に対しての信頼が必要だということである。つまり科学システムが有効に機能するためには、科学システムに対する信頼が欠かせないのである。新型コロナ禍において、飲食がコロナ感染の温床になりやすいということで、飲食店は、営業時間の短縮や休業を余儀なくされた。そのことに対する不満の声がよく聞かれた。それは有権者の声でもあり、政策を立案する政治家にとってもけっして無視できないものだろう。こうしたとき、政治家がそれでも規制を続けるように要請すべきか否か、飲食店がそうした要請を受け入れるべきか否か、を判断する際には、科学システムへの信頼が大きく影響すると言ってよいだろう。

ただし、政策を立案する側とその政策を受け入れる側とでは、少し異なっている。政策を受け入れる側にとってみれば、科学システムへの信頼ばかりではなく、それと同時に政策を立案する者への信頼がなければ、自己犠牲を続けることは困難だろう。そして、当然のこととして、自制を求めるためには、政策を立案する側が、その我慢に報いるだけのマシュマロ＝報酬を用意しなければならないのである。

かつてN.ルーマンは、信頼を社会の複雑性を縮減させるものとしてとらえ、人格への信頼からシステムへの信頼への移行を論じた[32]。しかし、筆者は、新型コロナ禍に見舞われた日本社会を眺めて、そう単純なものではないのではないかと考えるようになった。2020年は、安倍政権末期にあたっていた。この1年間安倍政権の支持率は下がり続

163

けた。マスクや消毒液が品切れになり、トイレットペーパーの買い占めが起きた。こうしたパニックの背景には、首相自身のスキャンダルである森友・加計学園問題や「桜を見る会」問題があったとみるべきではないか。すなわち、人々の日本社会というシステムへの信頼とそのシステムの長である内閣総理大臣への人格的信頼は、けっして相互に独立したものではないのではないか。

図6　内閣支持率

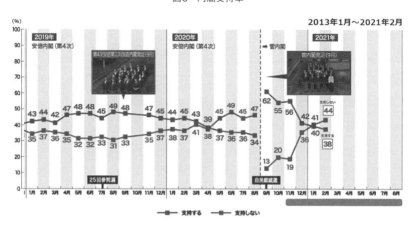

出典：「NHK世論調査」http://www.nhk.or.jp/senkyo/shijiritsu/ （2021年4月確認）

　本書を書いている時点においても、いまだ新型コロナ禍は完全には終息していない。安倍首相は退陣した。しかし、その後跡を継いだ菅政権では、総理自身の息子が絡んだ総務省幹部への接待問題が浮上し、日本では同じ不安が継続している。そして、その後の岸田政権においても、相変わらずの政治家の不祥事が続いている。

注
1) 山本太郎『感染症と文明　共生への道』岩波新書、2011年、p.28.
2) 梶田孝道『テクノクラシーと社会運動』東京大学出版会、1988年、pp.3-30.
3) ウンリッヒ・ベック（東廉・伊藤美登里訳）『危険社会　新しい近代への道』法政大

学出版会、1998年、p.51.

4）ベックは「世界リスク社会」における危機の次元を「生態系の危機」「世界的な金融危機」「テロの危険性」の3次元でとらえており、感染症を視野に入れていなかった。ウルリッヒ・ベック（島村賢一訳）『世界リスク社会論 テロ、戦争、自然破壊』ちくま学芸文庫、2010年、p.29.

5）早川洋行「リスク社会」地域社会学会編『キーワード地域社会学』ハーベスト社、2011年、pp.334-335.

6）ナイラー・バートン「ニュースが報じない気候危機と人種差別の関係」https://www.vogue.co.jp/change/article/climate-change-is-a-race-issue-cnihub（2021年4月確認）

7）ジュディス・バトラー（清水和子訳）「世界の表面の人間の痕跡」『現代思想』第48巻第10号、2020年8月、p.176.

8）藤田弘夫「都市と農村 人はなぜ都市に向かうのか」藤田弘夫・西原和久編『権力からよみとく現代人の社会学・入門』有斐閣アルマ、p.92.

9）「疲弊する地方『五輪優先』に疑問」朝日新聞2021年2月18日。

10）藤田弘夫『都市の論理―権力はなぜ都市を必要とするのか』中公新書、1993年、p.146.

11）舩橋晴俊『組織の存立構造論と両義性論 社会学理論の重層的探究』東信堂、2010年、p.73.

12）舩橋前掲書、p.75.

13）飯島伸子「環境問題と被害のメカニズム」飯島伸子編『環境社会学』有斐閣、1993年、p.92.

14）早川洋行『虚飾の行政 生活環境主義批判』学文社、2012年、pp.151-156.

15）バトラー前掲書、p.175.

16）ジョルジョ・アガンベン（高桑和巳訳）『私たちはどこにいるのか 政治としてのエピデミック』青土社、2021年、pp.30-31.

17）アガンベン前掲書、p.39.

18）小谷敏『ジェラシーが支配する国』高文研、2013年。

19）デビット・ライアン（河村一郎訳）『監視社会』青土社2002年。「監視社会『そうていしていない』」朝日新聞2021年3月13日。

20）早川洋行『ドラマとしての住民運動 社会学者がみた栗東産廃処分場問題』社会評論社、2007年、pp.127-152.

21）李光鎬・鳥谷昌幸・山越修三・大石裕「特別座談会『コロナ報道』を考える：リスク社会のメディアのあり方」『三田評論』第1246号、2020年、p.50.

22）浅野健一「コロナ禍で無策の安倍政権を批判しないマスメディア」社会主義協会編『進歩と改革』823号、2020年、pp.42-52. 窪田順生「マスメディアは新型コロナをいかに報じたか 『アナウンス効果』が生んだ危機」『表現者critertion』第14号、2020年、pp.75-79.

23）表「経営システムと支配システムの特徴対比」を改変。舩橋前掲書、p.104.

24）R.K.マートン（森 東吾・森好夫・金沢実 他訳）『社会理論と社会構造』みすず書房、

1961年、p.495. ただし表記は訳書に従っていない。

25）マートン前掲書、pp.506-513.

26）ジョン・ザイマン（村上陽一郎・三宅苞・川崎勝訳）『縛られたプロメテウス─動的定常状態における科学』シュプリンガー・フェアラーク東京、1995年、p.229. ザイマンについては、次の論文を参照されたい。三宅苞「J.ザイマンのアカデミック科学モデル」『社会技術研究論文集』第2巻、2004年、pp.21-29.

27）ジョン・ザイマン（東辻千枝子訳）『科学の真実』吉岡書店、2006年、p.84. CUDOSとPLACEについてのより詳しい考察は、金森修『科学の危機』集英社新書、2015年を参照されたい。

28）早川洋行『虚飾の行政　生活環境主義批判』学文社、2012年、pp.58-91.

29）早川和男『権力に迎合する学者たち』三五館、2007年、pp.57-61. 今回、専門家による組織である「新型コロナウイルス感染症対策分科会」は、政府と一定の距離を保ち、独立性を保ったようである。小林慶一郎「コロナ第三波『失敗の本質』」『文芸春秋』第99巻第3号、2021年3月、pp.98-109.

30）科学システムの腐敗は度々問題になっている。それについては、次の文献を参照されたい。ウイリアム・ブロード　、ニコラス・ウェイド（牧野賢治訳）『背信の科学者たち　論文捏造はなぜ繰り返されるのか？』講談社、2014年。

31）ウォルター・ミシェル（柴田裕之訳）『マシュマロ・テスト　成功する子・しない子』ハヤカワ・ノンフィクション文庫、2017年、p.93.

32）ニクラス・ルーマン（野崎和義・土方透訳）『信頼　社会の複雑性とその縮減』未来社、1988年。

あとがき

　本書は、「第1章　ソシアビリテと社会学」と「付論　新型コロナ禍と社会学理論」を除いて、すべて書下ろしである。この二つの部分は、大学論集に載せたものを修正した。それらの初出を示しておく。

　　第1章「都市におけるソシアビリテの理論」名古屋学院大学論集
　　（社会科学篇）第59巻第3号、2023年1月、pp.15-30.

　　付論「新型コロナ禍と社会学理論」名古屋学院大学論集（社会科学篇）第58巻第1号、2021年7月、pp.55-73.

　筆者は、基本的に言って社会学説や社会学理論を専門とする、社会学業界の言葉で言えば、「理論屋」である。しかし、一方で学部生の頃から、越智昇先生のもとで都市や地域社会の実証研究にもかかわってきた。そして、これまで『ドラマとしての住民運動　社会学者がみた栗東産廃処分場問題』社会評論社（2007年）、『虚飾の行政　生活環境主義批判』学文社（2012年）という実証的な本も出してきた。ただし、これら二つの本は、地域社会の問題に関して、行政、社会運動家、政治家、御用学者、そしてジャーナリズムに対しての、住民であり社会学者でもある自分が感じた「憤り」に突き動かされて書いたところが大きい。

　今回のこの本は、それとは少し違っている。もちろん前著と同様に、住民として体験した身近な出来事について、社会学者として真摯に向き合ったという点では同じだと思うけれども、本書の場合には、そこに「憤り」は一切ない。そのぶん、本書は学問的な都市社会学の本に

なっていると思う。

　序章に書いたことであるが、2023年7月、私のそれまでのサウナ室における参与観察は、偶然にもジェディに話しかけられた流れで、自らの正体を告白することで終了した。そして、それを機にして自分に課してきたサウナ室において「空気になる」配慮も終わった。その後筆者は、サウナ室に常連のメンバーがいるときに、自分の正体を正直に明らかにして、ここで体験したことを本に書きたいと伝えた。すると当然ながら皆一様に驚いていたが、この筆者のほぼ無言の3年間は、サウナ室のマダムとオヤジたちとの間に、それなりのラポールを築いてきたらしい。モモリンは「それは楽しみやなぁ」と言ってくれた。ジェディは「私、自分のことを本にしてくれることはまずないから、内容についてはまったく気にせん」と言ってくれた。そして、あっという間にこの話はサウナ室の面々に伝わったのだけど、誰一人として出版を止めてくれと言うものはいなかった。それどころか皆さんとても協力的で、実は「ジェディ」と「モモリン」という仮名はご本人の希望で、しかもサウナ室のマダム仲間たちとの相談の上で決まったものである。これは、筆者だけの力ではなく、連れ合いや娘が、このスポーツジムのスタジオに通っていてくれたおかげで、家族ぐるみで筆者を知っている安心感も働いたからではないかと思っている。

　最近は、研究者が社会調査を行う際の倫理についての条件が、以前ではとても考えられないほどに厳しくなっている。じつは筆者は、この点を深く心配していた。今回筆者は、通常社会学者がするように、対象者を選び積極的に質問して調査したわけではない。自分がたまたまサウナ室に入った時に、ただただ、ひたすら耳を澄まして聞き取り、様子を観察しただけである。それでも、それを元にして学術書を書くことに対象者の同意は必要なのか、だいたい、これまで見聞きしてきたことは「友達」が公開範囲だとはいえ、すべてSNSで書いてきている。しかしながら、それらをマダムとオヤジたちに何も言わないまま

に本にして出版するのは、いかがなものかとも思った。

　何度も逡巡して悩んだ。筆者としては、最悪の場合も想定した。そして、サウナ室のマダムとオヤジたちに「出すな」と言われたら書き溜めた原稿をボツにする覚悟を決めて伝えたのである。だから、こうしたマダムとオヤジたちの返答には、心底安堵した。これは本書の出版に至るうえでの、最後にして最大の難関だったとも言える。しかし、これはもしかしたら、筆者の考え過ぎで、自分勝手な杞憂だったのかもしれない。

　職場の大学からは、毎年、研究倫理について厳しく言われている。しかし、筆者は、その話を聞くたびに、この提言は、研究者が研究対象の地域社会の生活者でもある場合についても考慮されているのだろうかと思う。最近の議論は、研究者が研究対象者と同じ生活世界を共有していないという前提の上での話だと感じるのである。こうした、自然科学的な客観主義パラダイムは、たぶんそれを主張する人の多くが気づいていないと思う。

　筆者は、以前から、自分が学生や大学院生の頃、先生に指導されてよくやったような、他所から調査対象地にやってきて数週間調べて帰るような仕事に限界を感じていた。だから、研究者として自立してからは、そうした仕事は一切していない。このことは、第2章の冒頭で述べた通り、筆者がジンメリアンなのだからなのだろう。しかし、それでも今回、あらためて地元の地域社会に生きる社会学者として持つべき覚悟とは、こういうことなのだと実感したのは、たしかである。だからなおさら、やはり、今回の出版について快く認めてくれた、サウナ室のマダムとオヤジたちに、心より感謝したい。

　また本書の出版にあたっては風媒社の劉永昇さんに大変お世話になった。彼にも、ここであらためて感謝の意を示したい。筆者は、職場が名古屋に移って以来、以前から知己を得ていた名古屋在住の彼に誘われて、定期的に開催される大学やマスメディアの関係者等が集う

食事と酒を楽しむ集まりに参加してきた。名古屋には多くの大学とマスメディアが存在している。だからこうした集まりが可能なのだ。その場は、まぎれもなく「都会のソシアビリテ」である。この集まりでは、別の出版社で校正者として働く三輪由紀子さんという女性が幹事をしている。人々を楽しませる格別の能力を持ち合わせている彼女を筆者は現代のサロニエールだと思っている。この書は、彼女のおかげで出来上がったと言えなくもない。なぜなら、ある時、その集まりで筆者が今度こんな本を書こうと思っていると言ったところ、劉さんに出来上がったら読ませてほしいと言われ、本書の出版は、それから、とんとん拍子に進んだ。だからじつは本書は、ソシアビリテから生まれたソシアビリテの本である。

　あらためて言うのだけど、本書は、これまで出した前2冊の本（『ドラマとしての住民運動　社会学者がみた栗東産廃処分場問題』社会評論社（2007年）、『虚飾の行政　生活環境主義批判』学文社（2012年））と同様に、学説・理論・実証・実践を大切にして「社会は観察者を必要とはしない統一体」だと考えている、ジンメリアンとしての社会学者が、地域社会に生活する住民の一人として書いた本である。そして、だからこそ書けた都市社会学の本であるとも言える。

　もはや書き残したことは何もない。本書を読む読者にも、これからの人生において、ますます豊かなソシアビリテが生まれることを祈念して、この書の執筆を終えることにしよう。

　2023年盛夏

【著者略歴】

早川 洋行（はやかわ ひろゆき）

1960年、静岡県生まれ。1984年、横浜市立大学文理学部文科卒業。
1991年、中央大学大学院文学研究科社会学専攻満期退学後、滋賀大
学教育学部講師、助教授、教授を経て、現在、名古屋学院大学現代
社会学部教授、滋賀大学名誉教授。論文提出によって、2001年、博
士（社会学）・名古屋大学。

（主な著書）

『流言の社会学　形式社会学からの接近』（青弓社・2002年）

『ジンメルの社会学理論　現代的解読の試み』（世界思想社・2003年）

『われわれの社会を社会学的に分析する』（ミネルヴァ書房・2020年）

サウナ室のマダムとオヤジたち
新型コロナ禍における地方都市のソシアビリテ

2023 年 12 月 20 日　第 1 刷発行　　（定価はカバーに表示してあります）

著　者　　早川　洋行

発行者　　山口　章

発行所　　名古屋市中区大須 1-16-29
　　　　　振替 00880-5-5616 電話 052-218-7808
　　　　　http://www.fubaisha.com/　　　　風媒社

＊印刷・製本／モリモト印刷　　　　乱丁本・落丁本はお取り替えいたします。
ISBN978-4-8331-4160-4